图一　常桦为中国互联网金融行业促进会成立揭牌

图二　洛阳三彩小镇项目方案交流

图三　常桦在中国国际众筹产业论坛上作主题演讲

图四　常桦与众筹实战集训营第十一期学员合影

图五　刘辉在时代光华授课

图六　常桦在策康天使有约论坛上与投资人对话

图七　刘辉在中国国际展览中心授课

图八　袁海涛在国家会议中心《社群众筹》新书发布会

图九　常桦为中国众筹精英会成立剪彩

图十　刘辉在黑马全球路演中心授课

图十一　常桦在中国互联网金融行业促进会揭牌仪式上致辞

图十二　众筹架构师训练营

图十三　小菊咖啡众筹路演现场

图十四　常桦在中共中央组织部组织二局、中国扶贫开发协会贫困村大学生村官培训班上做“众筹助力扶贫、共享小康社会”的主题报告

图十五　常桦、刘辉、袁海涛等在小菊咖啡门口合影

图十六　刘辉在名师在线授课

众 筹 实 战 操 作 指 南

手把手教你做众筹

利用“互联网+”和众筹思维，实现筹智、筹资、筹人脉

常桦 刘辉 袁海涛◎主编

中国经济出版社
CHINA ECONOMIC PUBLISHING HOUSE

·北 京·

图书在版编目（CIP）数据

手把手教你做众筹/常桦，刘辉，袁海涛主编．
北京：中国经济出版社，2017.4
ISBN 978－7－5136－4369－6

Ⅰ.①手… Ⅱ.①常… ②刘… ③袁… Ⅲ.①融资模式—基本知识 Ⅳ.①F830.45

中国版本图书馆 CIP 数据核字（2016）第 210383 号

选题策划　汪　京
策划编辑　崔姜薇
责任编辑　葛　晶
责任审读　贺　静
责任印制　马小宾
封面设计　任燕飞装帧设计工作室

出版发行　中国经济出版社
印 刷 者　北京柏力行彩印有限公司
经 销 者　各地新华书店
开　　本　710mm×1000mm　1/16
印　　张　11.5
插　　页　0.5
字　　数　166 千字
版　　次　2017 年 4 月第 1 版
印　　次　2017 年 11 月第 2 次
定　　价　49.80 元
广告经营许可证　京西工商广字第 8179 号

中国经济出版社 **网址** www.economyph.com **社址** 北京市西城区百万庄北街 3 号 **邮编** 100037
本版图书如存在印装质量问题，请与本社发行中心联系调换（联系电话：010－68330607）

目 录
CONTENTS

第五章　众筹项目的路演

第六章　众筹的股东选优

第七章　众筹的融资流程

第八章　众筹的社群运营

第九章　众筹的品牌输出

第十章　众筹的退出机制

第十一章　众筹的风险防控

第一章
众筹的认识论

- 众筹是一种新型的商业模式
- 众筹是传统融资模式的创新与颠覆
- 众筹的核心和本质是洞察人性
- 众筹让天下没有难成的梦想
- 众筹实战操作流程解析

众筹作为一种新的共享经济思潮和融资方式，更是一种新型商业模式和社群模式，成为推动变革创新的巨大助力。众筹的核心——筹人胜于筹资，将众筹项目未来发展所需的资源提前锁定为股东，变外部交易为内部共享，以资源匹配、激活和置换实现共赢。通过众筹活动的运作，增强众筹者的参与感、归属感、荣誉感和使命感。因此，众筹的核心和关键是精挑细选有共同价值观、共同愿景和靠谱的合伙人。

一、众筹是一种新型的商业模式

如今，众筹已经走进我们生活的方方面面，消费众筹、购房众筹、梦想众筹、出书众筹、公益众筹、电影众筹、咖啡馆众筹。

“众筹”是面向公众筹集资金，特别指以资助个人、公益慈善组织或商事企业为目的的小额资金募集。筹资者将需要众筹的项目通过众筹平台进行公开展示，浏览该网站的所有人群，均可对这些项目进行赞助、支持和投资。个人的投资额虽小，但经过大量用户的投资积累，聚沙成塔，筹资者便可获得所需的资金。因此，众筹是人们在互联网上的一种合作行为，汇集一定的资金以支持他人或组织发起的项目或者活动。众筹以互联网科技为基础，利用社群、公众的智慧与判断来决定一个创业项目或计划应当得到多少市场关注和资金支持，并能为尚在起步阶段的项目提供实时反馈。

众筹在今天虽然是一个“热词”，但却是古已有之。筹小钱办大事，几乎是自人类社会诞生以来就有的事情，只不过是在互联网时代表现尤甚。为了和传统众筹相区别，有人在众筹前面加了几个限定词，叫作“互联网众筹”或“现代众筹”。

图 1－1　寺院通过和尚化缘形式筹资建立的过程就是今天众筹的雏形

众筹既古老又时尚。在古代中国，像乞丐乞讨，合作社，浙江宁波、台州等地的标会、抬会，以及明清时期山西和陕西商人在全国建造的山陕会馆等都是众筹。众筹最符合中国的文化和传统思想，符合中国国情。而“化缘”或者“凑份子”，也就是典型的中国式众筹。如古代修建大寺庙，资金通常是由官方或贵人资助，而小寺庙的资金则由民间集资、化缘或做法事获得。同时，中国的家族宗祠也是一样，几乎所有的宗祠都是通过众筹建成的，并且通过众筹不断整修。祖宗是后人的精神寄托，所谓“家祭无忘告乃翁”，设立一个宗族祠堂，让一脉相传的后人有一个纪念的场所，逢年过节进行家祭。这种为建庙和修建宗祠而筹钱的方式和今天的互联网众筹有着异曲同工之妙。

1713 年，英国诗人亚历山大·蒲柏准备将希腊语注释版的《荷马史诗·伊利亚特》翻译成英语。在准备工作中，蒲柏标新立异地面向公众倡议，翻译完成后将向每位订阅者提供一本六卷四开本的英文版《伊利亚特》，但前提是支持者需要提供一部分资金支持。结果，蒲柏得到了575名支持者的支持，募集到了4000多几尼（英国旧时的黄金货币）。这些支持者不仅得到了赠书，其名字也得以显示在书上。

图1-2 美国自由女神像的基座就是众筹的产物

1885年，为庆祝美国的百年诞辰，法国赠送给美国一座象征自由的罗马女神像，但是这座女神像没有基座，也就无法安置到纽约港口。《纽约世界报》的出版商约瑟夫·普利策通过报纸媒体，为此发起了一次众筹，目的就是筹集足够的资金建造这个基座，以维护纽约市的荣耀。普利策承诺对出资者做出奖励：捐助1美元，可以得到一个6英寸的自由女神雕像；捐助5美元，可以得到一个12英寸的自由女神雕像。这次众筹进行了大约6个月，最后得到了世界各地超过12万人次的支持，筹集的总金额超过10万美元，为自由女神像顺利竣工做出了巨大贡献，《纽约世界报》和普利策为此赢得了美国民众的尊敬。

然而众筹真正步入人们的视野和生活是近几年的事情，互联网的普及和移动互联网直接快速传播的特征，促使众筹进入了一个全新的阶段。一位美女甚至为自己的旅游费用做众筹，她在微博上写道："这一次，旅行是一个人的事，也是一群人的事。这一次，旅行是空间上的肉身移位，也是心灵间的相互依偎。我肩上的行囊是众人的期望。旅行众筹之路，有你才能起航。”众筹诉求一发出来，短短数天，便收到了全国各地的赞助资金近5000元，同时还有各种鼓励、支持和赞赏。人们被这个体格瘦小、内心强大、坚持梦想的姑娘感动了。互联网时代，没有什么是不可能的，也没有真正的陌生人，随你乐意捐赠多少钱，美女还承诺每到一地会给留下地址的人们寄一张明信片。如果你还有一颗想旅行但没有时间的心，或者你也是一个坚持梦想的人，相信你一定会支持的。

2015年9月16日，国务院总理李克强主持召开国务院常务会议，决定建设“大众创业、万众创新”支撑平台，利用“互联网+”，积极发展众创、众包、众扶、众筹等新模式。会议对今后大众创业、万众创新的经济新格局进行了展望和引导。以众智促创新，以众包促变革，以众扶促创业，以众筹促融资。不仅如此，同时它也能支撑传统企业的转型升级，支撑中小企业的融资发展及其发展平台的创建和扩大。众筹服务于双创——创业和创新；服务于中小微企业，实现普惠金融；服务于传统企业转型升级的需要。

在2016年3月两会《政府工作报告》中，李克强总理对于创业和创新做了进一步的工作指示，重点强调要打造众创、众包、众扶、众筹平台，构建大中小企业、高校、科研机构、创客多方协同的新型创业创新机制。而互联网金融尤其是股权众筹，作为供给侧改革、双创、金融改革的重要突破口之一，在两会期间也成为舆论焦点。

在移动互联网的背景下，大众通过互联网平台发布新的创意，其他企业或个人通过互联网搜寻获取创意并加以利用和完善。人人都可以提供创意和才能，而企业则通过互联网便捷地获取，集思广益的过程从依靠内部专家、技术团队的封闭式走向了依托互联网平台、面向整个社会大众的开放式。多年前，欧美“创客”们用不到波音公司百分之一的成本研制了无人机，这架无人机实现了众多的功能，让世人看到了众智创造的力量。因为，众人的力量是巨大的，众人的智慧是无穷的，大力发展众创空间和网络众创平台，必将更强烈地激发“大众创业、万众创新”的热情。

众包是指一个公司或机构把过去由员工执行的工作任务，以自由自愿的形式外包给非特定的大众网络的做法。企业鼓励用众包等模式促进生产方式变革，聚合员工智慧和社会创意。

众扶是指动用各种资源和力量，为小微企业、初创企业的发展提供便利、解决困难，为大众创业、万众创新提供一个良好、便利的环境。

以众筹促融资，大力发展实物众筹、股权众筹和网络借贷，有效拓宽金融体系服务创业、创新的新渠道、新功能。众筹与“大众创业、万众创新”的关系最为紧密。一个企业，其成长过程中最艰难的是其创立初期的那几年，它不能从银行融资，也进入不了资本市场的大门，即使能融到资，成本也非常高。众筹能够解决初创企业融资成本高的难题，帮助初创企业渡过难关。众筹具有融资便捷、投资门槛低、透明公开等优点，可以帮助企业更有效地融资，并充分挖掘市场上潜在的中小投资者。

当今企业之间的竞争，不是产品之间的竞争，而是商业模式之间的竞争。商业模式是创造和传递客户价值的系统。

众筹让投资者、消费者、传播者三位一体，在信任的基础上，颠覆原有的商业逻辑，成为一种新型的商业模式。

众筹燃起了中国人投资的热情，它使投资不再是一件高不可攀的事情，人人都可以做投资人。目前，以众筹为代表的互联网金融在中国已经进入到发展最为迅猛的阶段，随之而来的是大众金融消费习惯的改变和传统金融业务的革新。

“站在台风口，猪也能飞起来!”这是近几年来互联网行业的创业者们总结出来的经验。所谓顺势而为，就是要站在合适的风口。在这个大众创业、万众创新的新经济时代，面对互联网金融的风口，想把梦想和创意变为现实的创业者们有了飞翔的新动力。因此，众筹不仅是风口，更是风口中的风口！

二、众筹是传统融资模式的创新与颠覆

2013年是众筹发展的里程碑。美国国会批准了JOBS法案，使得众筹合法化的梦想成为现实。在互联网金融和美国的JOBS法案实施之前，在世界上所有受到监管的金融市场里，融资都是门槛比较高的事情，都是持有有特权的经营牌照者才能去做的事情，而互联网金融平台改变了这一切。众筹融资模式成为一种颠覆性的新兴金融力量，它开创了崭新的融资渠道和业务形态，让资金饥渴的中小微企业和项目方积极参与。同时，金融业的垄断利润也激励了投资者的热情。作为普惠金融，众筹展现出了颠覆传统融资模式的无限空间。

中小微企业的成长和壮大是一国生产力水平提升、国家财富积累、科学技术创新的重要来源。更重要的是，在当前全球经济低迷、美国国内失业率居高不下的大背景下，中小微企业的发展可以加速经济复苏和促进就业。过去，美国经济在资本市场与中小微企业的高效对接中获得了巨大成功，但最近十几年，宏观经济形势和国内资本市场制度的变化越来越不利于美国小型公司的发展壮大。特别是金融危机后美国的银行和个人信贷紧缩，小型公司的间接融资渠道收窄；而在资本市场上，小型公司无论是通过公开发行还是非公开发行的融资规模都在下降，与它们成长所需要的资本差距越拉越大。

JOBS法案包括：①为新兴增长型公司重开资本市场。②为创造就业者提供融资渠道。③为创业者提供融资渠道。④小公司集资法案。⑤非上市公司弹性与增长法案。⑥资本扩张法案。美国JOBS法案旨在放松管制，促进企业资本形成，其内容主要涉及为新兴成长公司重开资本市场、拓宽就业创造者的融资渠道、允许初创企业通过众筹的方式筹集

股权资本以及促进私人企业的适应性与增长等。

我们可以借鉴 JOBS 法案的立法经验，推进证券发行注册制改革，拓宽小额融资渠道，建立多层次资本市场，健全资本市场执法体系。美国 JOBS 法案提出的公众小额集资行为为解决中国中小微企业的融资问题、解决民间借贷资本流向问题提供了一个新的思路。中国过去 20 年共出台过两部与证券直接相关的法律——《证券法》和《投资基金法》。但是随着全球经济的飞速发展和我国资本市场的逐渐壮大，新市场、新产品、新交易模式层出不穷，相应的，新情况、新问题、新矛盾也不断出现。而现有两部法律对这些内容的覆盖不足，反映出我国资本市场适用的法律与市场发展不同步，对于新问题不能又快又好地应对和解决。

按照美国之前的法律，任何以股权融资为目的、采用公众小额集资的行为都是受到限制的，但是公众小额集资的灵活性、时效性、低成本、低风险是其他股权融资手段所不具备的，而这种融资方式非常适合创业阶段的小型公司采用。因此，在以小微企业与资本市场为目的的改革中，JOBS 法案提出了公众小额集资的合法化，并对小额公众集资规定了有条件的注册豁免。多层次资本市场的建立和完善，以及与中小企业尤其是高科技企业的对接是一国实体经济飞速发展的保证。在我国经济结构调整、产业结构升级的大背景下，应当尽力提升多层次资本市场的融资效率，提高资本市场服务实体经济的能力。

众筹从根本上颠覆了人们传统的筹资观念。无论是否发起过项目，一旦接触到众筹，人们很快就变得不一样了。无论是寻找种子投资的创业者或者大公司合伙人，也无论是天使投资人、VC 或 PE 的投资经理，甚至证监会官员或财务顾问，都必须透过现象把握众筹的精髓。

众筹迎合了融资市场上最有活力的小微企业和新兴产业服务业的资金需求。在美国，甚至有人把众筹比作“挽救美国经济的最佳创新工具”，认为众筹系统给人民带来了新的动力，因为允许任何人为商业创新、生意机会乃至一项公益事业提供资金，从而使每个人都可能“有所作为”；同时，众筹允许社会各个阶层资助能够带动就业的新企业，也为这些企业提供了可筹措资金的新渠道。纳斯达克市场上的中小公司的成功故事一再揭示，在这些通过正常方式很难融资成功的资金需求者中，孕育着未来的企业巨人。

基于互联网的众筹系统是一种革命性的融资和投资体验，过去的活动参与者或商品购买者通过众筹变身为投资者，这种商业关系的改变带来长远的影响，目前还难以估量其影响的深度。

众筹对传统融资最大的颠覆是对信用方式的颠覆。华尔街高高的石墙，曾经是传统金融机构拥有的令人难以望其项背的低成本信用的象征，他们借此廉价地获取巨额资本；而对小微企业来说，信用成本极其高昂。传统融资渠道为中小微企业和个人创新者设置的“无理”的信用值体系，恰恰是源自底层的商业机会和社会创新与发展的阻力。用众筹的信用替代垄断的信用，是一种颠覆。

众筹系统融资已经成功实现对多层次资本市场的最底层的卡位。当我们一再听到那些看似不可能成功的项目众筹成功的消息时，众筹的颠覆行动其实已经开始。今天已经看得到的颠覆，就是带来了新的监管形态和大量的众筹平台引进了风险资本。

三、众筹的核心和本质是洞察人性

研究和利用人性对众筹非常重要，无论怎样强调也不为过。人性是众筹的源泉和不竭的动力。人性有虚荣、嫉妒、自私、自恋、自卑、贪婪、吝啬、虚伪、惰性、懦弱、淫欲……也有阳光、积极、自信、乐观、无私、勤奋、坚强、勇敢……这些与生俱来的性格特性。

从马斯洛的需求层次理论分析人的需求，可将人的需求分为生理需求、安全需求、社交需求、尊重需求和自我实现需求。这些需求都是很本质抽象的需求，但是由这些需求可以衍生出很多具体的需求来。

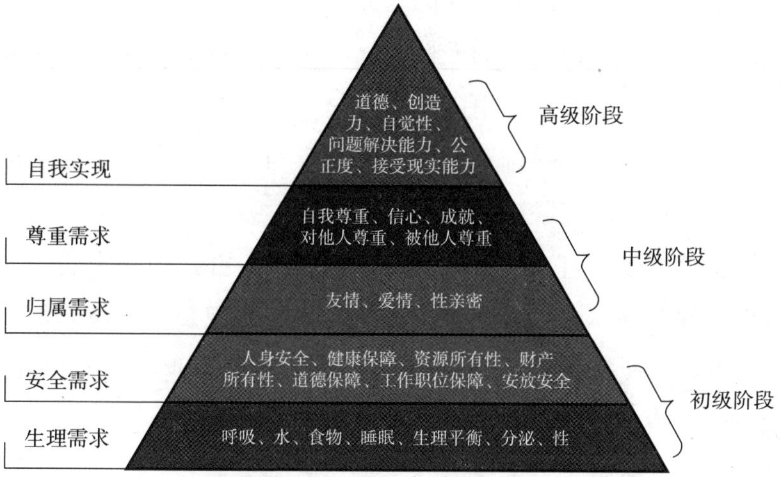

图1-3 马斯洛需求层次理论

马斯洛的需求层次理论很好地揭示了人性本质的东西，成功的互联网产品必然是满足了其中一种或者几种需求，而且层次越低的需求越是刚需。这些需求层次中并没有很明确的界限，从这些基本的需求中可以衍生出无数的具体需求。我们在做产品的时候，除了把握用户表面上的需求外，更应该洞察用户人性本质的需求。更加深入的思考，才能帮助我们将产品做得更加人性化。

众筹一定是深谙人性的项目。如可以令人长命百岁、游戏人生、出人头地的项目，相对应的硬件产品就应该是健康类、娱乐类、教育类的。黑暗的森林既有严酷的法则，也有生存的希望。所以说，生存环境充满辩证性：大树遮住了阳光，小树不可能在没有阳光的环境里存活。但同时，偌大的空间总有一方被大树遗漏的土地，所以，要去发现，去占领，去以小博大。

不管这个世界如何变化，人性是没有变化的。众筹的精髓和本质就是在解读人性与洞察人性。只有深刻洞察人性，才能设计出好的众筹产品和方案。经历过职业历练，阅历很丰富的人，才能把人性理解得非常透彻。

众筹是基于移动互联网存在的，尤其是其开放、平等、分享、包容等特性，更是基于不曾改变的人性和已经发生改变的环境而存在的，建立信任，共享共赢是众筹的精髓。众筹是一种共享经济，是一个人的事情变成多个人的事情，强调平等、互助、参与。它从中国人的文化深处走来，又具有真正的互联网精神。

众筹是要筹集项目未来发展所需要的资源，并提前锁定股东，变外部交易为内部共享，以资源匹配、激活和置换实现共赢。众筹是对整个社会进行重构，改变现有社会运行的社会关系、商业模式、经济结构、产业链模式、消费模式等，这是一场真正的颠覆。所以，在众筹的过程中，最重要的其实是人，人才是众筹的核心与本质。

四、众筹让天下没有难成的梦想

我们身处的是一个连接的时代。时代进化，万物互联。这是一个全新的时代，也是一个解构、颠覆与重构的时代。它是去中心化的时代，是个性化时代，是共享经济时代。

当移动互联网走进我们的生活，一个新的大连接时代已经在全面开启。移动互联网作为分工时代最极致的产品，让信息快速传递成为一种可能，信息的价值开始不断超越实物的价值。我们的社会也从工业社会进入到了信息社会。大数据、互联网、物联网，以及基于它们建立的有效连接将代表着未来社会及商业的核心。消费者、渠道、企业、产品以及我们的社会都将发生巨大的变化。消费者将不再势单力薄，不仅仅是产品服务的接收者，他们将会连接起来，形成很强大的力量。企业组织也面临巨大的变革。产品将会因为互联网而更具有连接性。我们的社会和人生也将因为进入连接时代而发生惊人的变化。

连接一切是未来发展的必然趋势。互联网目前已经将人类大地连接在了一起，使得地球变成了一个统一的生命体。未来脱离这个生命体的存在将会变得极度孤独。无论是个人、企业，还是产品、物品，甚至包

图1-4　这是一本作者、读者、策划者、营销者、传播者为一体的众筹图书

括自然生态中的很多东西都将跟这样一个大的地球生命体连接起来。连接时代是人机共生的时代，是系统开放的时代。它使人与一切发生连接。一切事物与人的精神和灵魂连接起来后，都变得鲜活、温暖、湿润。连接时代人与人之间的知识不断连接，由量变到质变，开启了人类进入连接智慧的新纪元。工业时代关注的是物，连接时代关注的才是人。所以，只有到了连接时代，人的价值和意义才被真正发掘出来。在连接时代，每个人都跟与自己志趣相投的人连接起来，形成一个一个的小圈子，衣食住行，工作、娱乐，无不如此。除了家庭这个用血缘关系连接起来的小圈子外，其他所有的小圈子，几乎都是按照兴趣、爱好、文化、信仰这类精神需求连接起来的。人们在这样的圈子中生活、工作、娱乐，才能获得最大限度的认同和共鸣，并借此连接完成个体智慧的升华，成就圆满人生。众筹是连接时代的产物，更是连接的核心和枢纽。

著名管理大师大前研一认为："在今天的世界上，没有任何公司可以靠单干保持竞争优势。"传统企业独闯天下的方式已经完全落伍了，我们进入了联盟时代，只有通过联盟才能找到市场所要求的资源。

如今众筹大幕刚刚开启，大部分平台小而散，缺乏精准定位和资金实力，短时间内无法做大做强。单个众筹平台难成气候，只有建立合作伙伴关系，互相利用资源网络的优势，众筹平台之间才能不断实现跨界合作。因此，众筹联盟迅速提到日程上来。众筹联盟是一种新型的合作伙伴关系，它可以优势互补、明确分工、降低风险、资源共享。

在连接时代，众筹平台只有通过联盟的方式联合起来，才能获得更大的发展空间。全世界众筹者联合起来，让天下没有难成的梦想。

五、众筹实战操作流程解析

未来已来，众筹将席卷所有行业，你是御风而行，还是置若罔闻。

众筹已成为一种新型的融资方式，所有创业者都试图通过众筹来融资。但是要想成功操作一个众筹项目，需要清晰地了解众筹的操作细节和相关流程，掌握每个众筹环节的要点和要领，把握好节奏和进度等，众筹才有可能成功。

众筹是一个实践性非常强的系统工程，任何一个项目都有其独特性，任何一个项目的众筹方案都和其他项目不同。因此，我们在运作、策划、架构和操作大量众筹项目的基础上，筛选、梳理、提炼、总结和打磨出了众筹的操作流程和实践要点，其中包括项目定位、模式设计、组织架构、项目路演、激活社群、股东筛选、签约入资、退出机制、风险防控等环节，对于任何众筹项目，这些策略、步骤、方法、要领和环节都具有一定的适应性、落地性和可操作性。

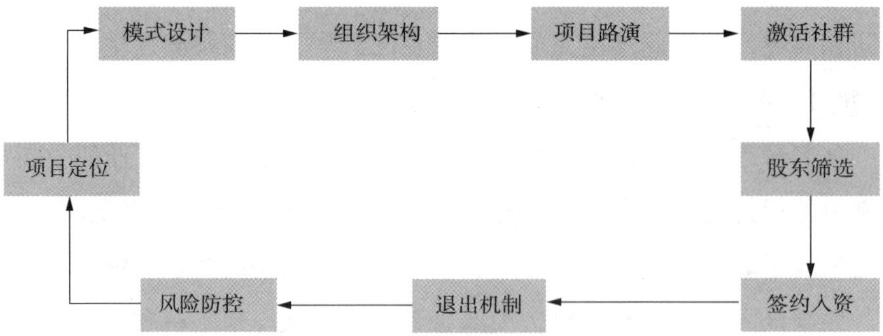

图1-5　众筹实战操作路线图

众筹作为一个新生事物，许多人对它充满了好奇和期待，如果缺乏了解，容易冲动，一拥而上。好的众筹项目一定要有一个较长的沟通阶段，明确项目定位，说清楚项目的亮点、特点和要解决的痛点。

在众筹项目定位阶段，定位要高，最好能够成为细分领域的第一。口号要响亮，有足够的号召力和影响力的联合发起人，把圈子或者社群人气指数、体验环节、口碑营销做好，让众筹的参与者有归属感、荣誉感，满足众筹参与者的面子，可以去传播和推广。同时，在愿景设计的过程中，不要仅仅想着眼前和当下，要向众筹参与者描绘三年或几年后的目标和规划。

众筹要想成功，首先要明确众筹的类型和具体操作模式。前期重在统一认识，统一价值观。众筹项目在前期问题众多，事情复杂，千头万绪，不确定性大，需要合伙人之间不断沟通，反复磨合，才能相互协助，演绎出一首完美的协奏曲。

项目路演作为一种促进投融资的重要活动，有利于加强投资者对于项目的全方位了解。随着移动互联网技术的发展，路演呈现的方式越来越多元化，越来越多地运用多媒体技术向合伙人或者投资人呈现项目的具体信息。

对于众筹项目来说，股权结构说到底是股东结构。在众筹项目发起之初，由于核心发起人人数较少，大家的利益容易平衡，也容易达成共识。只有把核心发起人的利益紧紧捆绑在一起，才能形成强大的凝聚力和向心力，才有可能随着众筹项目的逐步推进，招募第二轮、第三轮合伙人，形成品牌影响力，让项目更值钱。众筹项目表面上看是筹钱，实际上是筹人，只有找到合适的人，通过合理的分配和退出机制，众筹项目才有可能做成功。股权分配是一门技术，也是一门艺术，既要分配给能干的人，为众筹项目创造更大的价值，又要为众筹项目的发展预留出一定的发展空间。

众筹的目标是筹人而不仅仅是筹钱，筹钱是入口，筹人是目标，筹钱是众筹中最容易做到的事情，筹人则最难。做众筹一定要把最主要的精力放到投资人的筛选上，千万不要给钱就要。

社群是聚集资源的最佳场所，股东群体是最好的社群资源。社群众筹是用众筹的思维和方法切入社群，挖掘社群资源，实现社群价值最大化。做社群不是靠社群赚钱，而是经营圈子，彼此有需求的社群是基础，需求互动越强，社群越牢固。社群实的价值是直接促进众筹的成功，虚的价值是认识朋友，扩展人脉。能够创造实的价值，众筹参与者才有加入的积极性，才能持续的发展和生长。

众筹项目发起人必须规定明确具体的签约入资流程。规定的时间既不能太短，也不能太长，如果时间定得太短，支持者人数较少，起不到应有的效果；如果时间定得太长，先予支持者就会心存疑虑，而放弃众筹项目。从项目发起到正式与投资人签订各种相关协议，从口头上的简单承诺到书面协议上的签署，是一种智慧，一种胸怀，更是一种沉甸甸的责任。对于众筹项目发起人而言，众筹项目虽然需要钱，但是通过众筹找到有资源、靠谱、有行业影响力的人更为重要。

一个企业不仅要拥有自己的用户群，还可以通过社群对接，实现资源共享，把自己的产品和服务扩散到有需求但不属于自己社群内部的用户中去，实现跨社群的充分链接，使用而不拥有，充分体现共享经济的本质。

众筹项目不仅要有严格的准入机制，更要有完善的退出机制，有进有退，形成良性循环，快速提高众筹项目的估值和品牌影响力，以丰厚的利润回报投资人。上市公司退市是一件比较遥远的事情，最多的还是股份的回购和转让。

实践证明，众筹的模式和效果非常明显，它能够引发社会大多数人的关注和参与，激活社会闲置的资源和人脉，实现了资源的优化配置，提高了资源的利用效率，颠覆了传统的商业模式和融资模式，降低了创业风险，提高了企业可持续发展的动力，为众创、众包、众扶和众筹提供了方法论和实践论。

第二章
众筹项目的定位

- 众筹项目的痛点、痒点和卖点
- 基于项目定位做详细的资源盘点
- 众筹项目的核心定位

优质的众筹项目一定要有一个较长的沟通阶段，明确项目定位，说清楚项目的亮点、特点和要解决的痛点。在众筹项目定位阶段，定位要高，争取能够成为细分领域的第一。口号要响亮，有足够的号召力和影响力的联合发起人，把圈子或者社群人气指数、体验环节、口碑营销做好，让众筹的参与者有归属感、荣誉感，满足众筹参与者的面子，可以不断去传播、分享和推广。

一、众筹项目的痛点、痒点和卖点

优质的众筹项目需要满足高频、痛点、刚需这三个条件。用户的痛点、痒点和卖点，不仅仅是一切众筹的诱因，更是一切商业和一切产品的根本策动点。如果产品的核心价值没有指向任何一个关键词，那么，商业上的真正成功只能是镜中花、水中月，看得见却摸不着，毫无实质意义。因此，仅仅满足基本需求的项目是不可能众筹成功的。

痛点是用户在正常生活中碰到的问题、纠结和抱怨，如果这个事情不解决，他就会浑身不自在，会非常痛苦。因此，他急切地需要找到一种解决方案来化解这个问题，解开这个纠结，抚平这个抱怨，以实现他正常的生活状态。同时，痛点也是别人没有，或者没做好，而你却能做到极致，能充分满足消费者某个需求的地方。痛点不容易提炼，要与同类项目比较，挖掘出无法解决的问题和需求，并予以解决和满足。

痒点是能够激发消费者心中“想要”的欲望的点，让消费者一看到产品心里就痒痒，就特别有兴趣，特别向往。就像很多经济条件不太好的工薪人士，对苹果手机特别向往，一看到那种赏心悦目的外观，一看到那种超酷的性能，就激动万分，恨不得卖肾也要买苹果手机。所以说，痛点对应的是解决消费者的问题；而痒点则是满足消费者的欲望。

卖点是站在卖家角度说的。卖点是指我们自身的特色，但这个特色在消费者的潜意识里不一定能发现得了，只有商家一说出来，消费者才会突然对你产品的特色有怦然心动之感，如此，你塑造的卖点就成功了。真正有杀伤力的卖点，能在瞬间打动人。所有卖点的提炼，都必须有所依托，而不是凭空捏造本不存在的功能、性能和用途，不宜取信投资者，甚至会给后续运营制造障碍。特别是要创造概念的时候，必须要有相应的依托，否则就会失败。卖点是为了将产品的功能、外观、用途、特点中最为突出、最能迎合买家需求的一项概括出来，从而激发买家的购买欲望。能否清晰、准确、简洁地提炼卖点，并且以恰当的文字、图片、排版表现出来，决定了投资者是否会在第一时间心动，进而支持和认可。投资者的时间都很宝贵，身为众筹者，只有清晰地告知投资者自己的卖点，投资者才会有兴趣继续了解下去，以及是否支持。所以，卖点一定要提炼到位，表述清晰。

亮点是指项目的独特的、具有差异化的特点。抓住众筹者的需求、了解他们的兴奋点、亮出项目与众不同的地方，作为传播的焦点，从而让众筹参与者在他们的圈子里产生情感的共鸣。

所以，痛点、痒点、卖点和亮点是众筹项目的根本立足点，是一切众筹活动的诱因，是一切众筹成功的商业基因，缺少任何一点，都很难成功。

众筹项目主打的是痛点？痒点？还是卖点？请认真思考，找到属于自己产品的痛点，痒点与卖点，才有可能在众多项目中突出重围、精准定位。

二、基于项目定位做详细的资源盘点

梳理和盘点一下自己的资源，包括自己所处的行业资源、人脉资源、资金资源等。一个众筹项目的需求可能有很多，做众筹必须从具体的细节入手，先满足最迫切最重要的核心需求，同时也是与社群资源相匹配的需求。需求和资源匹配后，众筹项目就水到渠成了。

如何才能真正实现筹人、筹智、筹钱、筹市场、筹品牌、筹圈子？如何才能保证项目方和投资人的合法权益？如何才能保证投资价值回报和股权安全退出？

众筹项目发起人的主要工作是挖掘项目亮点，找出项目的特点，让合伙人和投资者有参与感、荣誉感，归属感和使命感。

众筹的魅力之一是能够解决信息不对称的问题，有一定客户积累和品牌影响力的众筹平台，会及时向投资人推荐大量优质的、匹配度高的众筹项目，供投资人从容选择，从而大大缩短了天使投资人与创业者的沟通成本和信任问题。

众筹尤其是股权众筹融资具有很强的参与感，随着众筹项目的推进，投资人的角色会发生转变，如从最开始的投资人转变成管理者（如果投资人具备项目方所需的某种能力或特殊优势，如技术、产品、运营、风控），然后再从管理者转变成创意策划者、产品测试者、用户体验者、销售者、渠道合作者、品牌推广者、活动组织者、舆情监督者以及新项目发起者等，集多种身份于一身。

从股东会、董事会、监事会的组建到完善，再到股东会、董事会、监事会议事规则的细化到项目落地等，一系列游戏规则的达成、合伙协议的完善、财务制度的公开以及众筹项目的推进，必须让投资人（即股东）完全参与进来，集思广益，真正享有话语权、建议权、监督权和表决权，而非做一个纯粹的投资人。

除了参与主体具有多重身份，需要全程参与项目外，众筹参与者的投资价值回报体系也具有多元化特色，这是传统投资逻辑不能实现的。如房地产开发商把普通商业地产包装成中高端理财产品，根据市场调研和用户消费能力及需求分析，将传统意义上的购房人变成 VIP（即股东），VIP 只需支付很少的费用，如 10% 甚至 5%，则可由开发商代其理财。

一方面，解决购房人买房或租房刚需，另一方面，购房人作为股东享有项目的知情权和一定的收益权，更为重要的是，根据积分制度，股东还可以享受子女入学、大病医疗和留学移民等超值实惠，而不仅仅是业主与开发商（物业公司）之间冷冰冰的买卖关系。

如电影众筹、图书众筹、旅游众筹、教育众筹、农产品众筹、会议众筹、餐饮众筹、地产众筹等，参与者已不是简单意义上的产品预购人或消费者，而是真正的主角。除了能以极低的价格拿到预购产品、享受定制服务外，甚至能够左右产品的测试、研发、市场推广以及定价策略等一系列进程，彻底扭转了传统意义上的生产厂家闷头研发产品、找渠道合作、解决库存产品、低价促销等劣势。众筹是先拿到一笔钱，根据海量粘性极强的用户需求去批量定制产品，既砍掉了各种渠道成本，又极大地满足了产品预购人或消费者的消费需求，从而达到平台、投资人、项目方甚至供应商（服务商）多赢的局面，助推众筹项目从一个社群交叉走向另一个社群，从一个领域阔步跨进另一个领域，让众筹永远充满魔力和魅力。

任何一款爆品要想吸引眼球、引爆市场并非易事，都需要切中要害，找到并解决客户的痛点，否则，极端挑剔的客户绝不会买单。

所以，产品销售之所以能火爆，被客户口口相传，不在于企划、公关和价格，而在于产品在推向市场前对核心客户的精准定位以及对其核心需要的价值认同。

众筹恰恰能提供产品上市之前的市场调研和预热功能，客户之所以会选择众筹这种方式，首先是看重了产品背后项目方的信用和实力，同时也与自己的消费需求和习惯相吻合，能够将自己从产品预购者的身份转变成新产品优化方案提议者和深度体验者。

好项目，会说话！移动互联时代，没有挑剔的客户，只有不懂人性化产品设计的项目方。

三、众筹项目的核心定位

定位是如何在潜在顾客的心中实现差异化，从而获得认知优势。定位是让品牌在顾客的心智阶梯中占据最有利的位置，使品牌成为某个类别或某种特性的代表品牌。这样当客户产生相关需求时，便会将该品牌作为首选，也就是说这个品牌占据了这个定位。

项目定位需要解决哪些重要问题？做什么样类型的商业，做多大项目体量是最合适的，需要引进哪些投资者，项目业态各种配比关系，项目品牌定位，包括标杆品牌初步立项，项目定位收支以及投资收益状况，这些内容都是非常重要的。项目定位的本质是解决供需问题，要经过深入的市场调研，弄清楚消费群体的需求有哪些，再根据这种需求组织供给。

图 2－1 作为“双创、四众”的策源地和发动机的中关村创业大街

项目定位的依据，要建立在全面了解需求，充分满足需求，创造新的需求的基础上。众筹项目都是有差异的，可以创造新的需求。众筹项目的定位分三个阶段，需求分析，供给分析，投资分析。首先要了解需求，其次要做供给分析，最后再做出投资分析。经过市场分析、行业分析、竞争对手分析、消费者分析，最后实现众筹项目定位。

图 2－2　为创业者提供线下交流空间的众筹咖啡馆——3W

众筹项目定位精准是为了更好的区隔，让人一眼能够认识你，记住你。比如，股权众筹天使汇的定位为让靠谱的项目找到靠谱的钱；京东智能奶茶馆的定位为“不智能，非产品”；优客投的定位为国内首家海外（跨境）项目的众筹平台；精英众筹的定位为国内首家转型企业的众筹平台；股权众筹平台 36 氪的定位为专注互联网创业……

第三章
众筹模式的设计

- 众筹类型及操作模式
- 众筹项目前期重在统一价值观
- 项目计划书的设计
- 打造众筹计划书的六脉神剑
- 撰写众筹计划书的八项注意

众筹融资风险小，对众多初创企业来说，比起向金融机构借贷，从对项目感兴趣的投资者中募集资金无疑是更好的选择。众筹融资模式相对于传统的融资方式，更为开放，且更加平民化，发起与资助都与身份和职业等无关，项目的商业价值也不再作为能否获得资金的唯一标准。明确众筹的类型和具体的操作模式，从而了解不同的众筹类别，操作方法、运作手段和回报方案等一系列问题，需要结合项目自身定位和特点，尽早明确和落实。

一、众筹类型及操作模式

众筹要想成功，首先要明确众筹的类型和具体操作模式。

众筹是指通过网络平台为项目发起人筹集从事某项创业或活动的小额资金，并由项目发起人向投资人提供一定回报的融资模式。回报众筹是指投资者对项目或公司进行投资，获得产品或服务。

众筹可以分为消费（产品）众筹、股权众筹、回报众筹、公益众筹等。不同的众筹类别，关系到众筹的设计方案、操作模式、合伙人的选择、回报机制、退出机制等一系列问题，应该结合自己众筹项目本身的定位、特点，因地制宜，灵活处理，尽早确定。

消费众筹是立足生活消费生产服务领域，围绕消费者这个核心要素，以线上平台为导入口，以线下体验为价值连接点，帮助众筹项目从大量碎片化的日常生活消费活动中寻获商机。消费众筹模式下，企业一方面通过众筹的模式迅速积累消费者，实现早期融资发展，建立一种初始信任；另一方面，依托线上线下的优势资源，结合众筹的商业模式，以高附加值的消费回报设计让消费者的消费行为实现增值，增加粘性，不断拓展消费空间与市场渠道。“线上导入用户 + 线下实体消费”的O2O 互动提升体验，消费众筹通过商业模式的创新实现了传统生活消费与互联网金融的双向贯通，构建了一个拥有大量高度粘性用户的持续、稳定的消费生态闭环。消费众筹模式下，商家则是通过发布产品或服务的相关信息，以此先行聚拢一批早期消费者，他们在获得实物回馈的同时，还可获取比出资金额更为超值的回报，也能激发消费投资热情，提高参与的认同感；然后通过这些初始消费者的口碑传播以及转介绍，实现向更广泛消费人群的扩散，达到聚拢消费者的目的。

股权众筹是指融资者借助互联网上的众筹平台，将其准备创办或已经创办的企业或项目信息向投资者展示，吸引投资者加入，并以股权的形式回馈投资者的融资模式。股权众筹是当下新兴起的一种融资模式，投资者通过互联网众筹平台挑选项目，并通过该平台进行投资，进而获得被投资企业或项目的股权。

按照不同的标准，可对股权众筹进行如下分类：

1. 私募股权众筹和公募股权众筹

这是按照众筹行为的性质来划分的，前者指把众筹行为仍界定为私募行为的股权众筹，可以说我国目前股权众筹平台都是私募性质的；与之相反，像美国、英国等股权众筹发展较快的国家，都是将众筹行为界定为公募性质，众筹平台可向公众进行募集。

2. 有担保的股权众筹和无担保的股权众筹

这是按照有无担保进行划分的。有担保的股权众筹主要是指在股权众筹业务中加入了担保元素，典型的如贷帮网，其规定由推荐项目及对项目进行担保的众筹投资人或机构作为保荐人，当众筹的项目一年之内失败，保荐人赔付全额投资款，保荐人即为担保人；无担保的股权众筹则指不含担保元素的股权众筹，我国目前绝大多数股权众筹平台都是后者。

3. 线上股权众筹和线下股权众筹

这是按照股权众筹业务开展的渠道进行划分的。线上股权众筹主要是指融资人、投资人以及股权众筹平台之间所有的信息展示、交易往来都是通过互联网来完成的，包括当下许多股权众筹平台绝大多数流程通过在线完成；线下股权众筹又称圈子众筹，主要是指在线下基于同学、朋友等熟人圈子而开展的一些小型众筹活动。

4. 种子类平台、天使类平台和成长类平台

这是按照融资项目所处阶段来划分的，最早由中国人民银行金融研究所副所长姚余栋提出，他主张按融资项目所处的种子、天使和成长三个不同阶段，设置不同的股权众筹平台，最终实现股权众筹平台的“递进式”发展。

5. 综合型股权众筹平台和垂直型股权众筹平台

这是按照众筹平台的经营范围进行的划分。综合型股权众筹平台，其经营范围较广，基本很少涉及具体行业的划分，目前我国发展较快、规模较大的股权众筹平台基本都是综合性平台；垂直型股权众筹平台，其经营范围则有了明确的行业划分。

回报众筹是众筹融资的初始形式，尤其适合音乐、绘画、工艺品等艺术领域，回报众筹往往和“粉丝经济”紧密相连，凯文·凯利曾提出“1000个铁杆粉丝理论”——艺术家如画家、音乐人、摄影师等，只要有1000个绝对忠诚粉丝的支持就能维持体面的生活。回报众筹一般指的是仍处于研发设计或生产阶段的产品或服务的预售。创业者通过回报众筹系统平台发布项目，对网友展示创意，争取大家的关注和支持，向网友们募集资金。众筹计划会限定募集资金和支持人数的上限，

而且规定了募集的期限，单笔募集的资金数额也比较小，所以其对社会的影响非常广泛。只有支持人数和购买总量超过了预期，本次众筹才算成功，支持者的资金才会转移给创业者，让其实现创意项目；否则，众筹不成功，已缴纳的预购资金将会返还给支持者。作为一种投融资行为，待项目筹资成功后，项目发起人将在约定的时间内给予相应捐助金额的固定回报。还有少数众筹平台，除了项目发起人的固定回报之外，平台本身还对支持者给予回报。一般情况下，回报的方式是除股份、利润之外的其他方式，如实物产品、签名海报、支持者名单等。当然，项目支持者也可以选择不要回报，对项目或公司进行无偿捐赠。回报众筹门槛低，机制更灵活，又是直接面向普通消费者，可以使一些小微企业、创业者迅速获得资金支持。不论是影视、动漫、出版、科技，还是农产品，只要是具有创意的想法，都可以在回报众筹系统平台上招募项目启动资金，把产品或服务由小众推向大众市场。然而，国内的用户往往容易把回报众筹与团购的概念混淆。

公益众筹指通过互联网方式发布筹款项目并募集资金。公益众筹不求回报，是单纯的捐赠行为，创意者无需向投资者提供任何形式的回报。投资人更多地是考虑创意项目为自己内心带来的满足感，通常而言，创意项目有一定的良好寓意或者对社会发展有一定的积极效应。相对于传统的公益融资方式，公益众筹更为开放。只要网友喜欢的项目，都可以通过公益众筹方式获得项目资金，为更多公益机构提供了无限可能。众筹一方面能让公众理性发声，使公众拥有更为直接、畅通的表达自我意愿的渠道和平台；另一方面通过吸引公众的关注，也能引起政府、社会媒体各界对社会问题的重视，加速社会问题的解决。在众筹过程中，社会组织有天然的优势，接地气，需求和目标人群把握得准。其非营利的本质，比商业机构更有优势，更容易与人发生共鸣。一个成功的公益众筹，不仅要求有公益机构参与，也需要各界的技术人员参与其中，各司其职。在这个过程中，要成为一个能够吸引公众目光的众筹项目，是否具有故事性是一个重要因素，通过讲故事的形式向公众推广众筹项目，往往更能使公众在情感上认同和接受。

二、众筹项目前期重在统一价值观

众筹项目前期重在统一认识，形成统一的价值观。在前期，众筹项目问题众多，情况复杂，千头万绪，不确定性大，需要合伙人之间不断沟通，反复磨合，因此，需要大家多交流、互动，充分沟通，彼此信任，才能相互协助，演绎出一首完美的协奏曲。

三、项目计划书的设计

编写众筹项目计划书的目的是梳理商业模式、理清思路、说服投资者等，在计划书的范围内，要有条不紊地呈现创业者的初心，以及要做到的所有事情。所以，当创业者开始写商业计划书的时候，心里必须有大纲。希望众筹者可以一字一句地认真看完，这样的思维模式对创业是很有帮助的。

众筹项目计划书的摘要主要包括：

一句话说明众筹项目的理念由来。（切入点）

一句话说明市场的需求。（市场前景）

一句话说明你们满足了什么需要。（产品或服务）

一句话说明还有谁满足了这些需要。（竞争对手）

一句话说明你们提供的比他们提供的强在哪儿？（优势）

一句话说明你们如何实现比竞争对手强大的。（研发）

一句话说明你们如何在满足需要的过程中实现比竞争对手强大的。（市场运作）

一句话说明你们满足市场需要后能赚多少利润。（盈利模式）

一句话说明你们赚取的利润能分给我们多少，要我们提供什么。

（回报）

一句话介绍一下你们的团队。（团队优势）

以上是项目计划书的编写逻辑，正文就是在这样的思维框架下再填充内容。切记：所有一句话能说清楚的，绝不说两句话。

项目计划书的第一作用，应该是服务于众筹项目的发展规划、战略制定以及细节推敲。撰写计划书的过程，实际上就是梳理企业发展顶层设计的过程。这个阶段需要你在脑海里系统地把项目各个环节都过一遍，并不断地提出质疑与解决方法，并逐步完善。

在设计项目计划书的过程中，要站在投资者的角度去思考，去审核并挑毛病，而不是站在项目方的角度。那样的话，你一定会过多强调项目的优势与未来前景，不经意忽略项目的风险以及运营策略。我们要做的不仅仅是展现项目的优势与投资价值，还要清楚地解答投资人关心的问题，如风险分析（技术风险、人才流动风险、市场竞争风险、政策风险、管理风险等），财务分析（过去的财务状况、现在的现金流状况、未来的赢利点规划，甚至资金的用途等），团队人员结构的合理性，组织结构的优化程度等，如果有必要，还需要调整创业团队的成员结构，吸引新的股东，这些都是投资人关心的问题。

要牢记投资人关心的这些问题，这实际上也是你更应该关心的，你所要做的，不是解决投资人关心的问题，以便顺利地拿到投资，而是换位思考，你要解决的——“永远是自己的问题”。你站在投资人的角度梳理和审视众筹项目，并转换成自己的角度解决“被投资人发现的问题”，最后，当问题解决时，众筹资金也就解决了。

因此，做任何项目，都需要有项目计划书，众筹项目也不例外。项目计划书是对项目的总体介绍，是一个规划工具、沟通工具和融资工具。

首先要想清楚谁是众筹项目的目标用户，这个项目最终是由谁来买单。最常犯的错误是大而全，认为所有人都是自己的目标用户。当你认为所有人都是你的目标用户时，也就意味着所有人都不是你的目标用户。目标用户一定要细分，一个好的创业者要擅于为目标用户画像，他们的性别、年龄、职业、居住城市、收入情况、购物习惯、上网习惯等都需要精确掌握，对目标用户了解得越多，就越容易画像，定位就越精准，也就越容易找到他们。

找到众筹目标用户后，下一步需要挖掘他们的需求或痛点。一个不能满足需求、解决痛点的项目，是没有存在价值的。人的需求是无限的，用户的需求或痛点肯定有很多，你的项目到底解决哪个，需要明确。和确定目标用户一样，这个地方容易出现的问题是贪多嚼不烂，很多人的项目计划书中，把自己的产品夸得无所不能，什么问题都能解决，什么毛病都能治愈，这其实是一个误区。在现在这个产品极大丰富的年代，大家需要的是一根针捅破天的产品，而不是什么都能做、什么都做不好的万金油产品。

针对用户的需求和痛点，你的解决方案是什么。针对同一个需求或痛点，解决方案可以有很多。但要讲清楚，你的解决方案是什么，是产品、服务还是其他？这个地方，建议做应用场景分析，描述出实际的场景，用户如何找到你，如何使用你的产品，你的产品如何击中用户的痛点，用图表形式，一目了然。

要说清楚目前的进展，比如是构思阶段，还是运作阶段，抑或是已经盈利。正如男女相亲，要互相介绍各自的情况，工作、收入、家庭情况等，以求彼此了解。

写进展情况时，需要注意几点：①要实事求是，不弄虚作假。众筹的一个重大意义是将逐渐改变老实人吃亏的现状，让诚信的人赚得更多。圈子很小，你做的事情，无论是好事还是坏事，都很容易被别人知道，所以要实事求是，积累自己的信誉，否则以后的路会越走越窄。②用数据说话。项目运作时间、目前用户数量、收入情况、盈利情况，这些数据对一个项目至关重要，最好用图表表示，翔实的数据加上明确的变化趋势，会为项目增分不少。

众筹项目发展空间是投资人非常关注的问题，因为这个直接关系到投资收益。投资人比较喜欢的是位于主航道的项目，也就是未来可以有无限空间的项目。需要描述出项目的未来发展空间，以及未来1~3年的发展规划和阶段性目标，让投资人既看到宏伟的目标，又看到脚踏实地的计划。

竞争对手分析。这是至关重要也最容易被忽略的内容。很多创业者容易犯的错误是，眼里只有自己的项目，把竞争对手当空气。这是非常可怕的。在目前中国市场竞争这么激烈的情况下，没有竞争基本是不可能的。必须做竞争分析，并清晰地描述出来，和竞争对手相比，你的优势是什么，劣势是什么，必须非常清楚。

一个项目必须有盈利模式，否则无法持久。现在很多众筹项目靠烧钱抢客户，看上去声势浩大，热闹非凡，实际上外强中干。如果不能尽快找到其他盈利途径的话，是无法持续的。盈利模式是需要设计的，最好是连续的，具有系列化和多样化特征，不能仅有一个收费渠道，那样很容易中断，要有多种方式进行风险对冲，有前期、有中期、有后期。比如前期靠培训获得短期收益，中期靠咨询获益，后期靠运作项目以及投资获得长期收益。

众筹团队至关重要，很多投资人都说过，前期项目投资，看人重于项目。项目的商业模式不如团队重要。发起人需要经验、阅历、威望等各方面能力。核心合伙人最好有较长的共同经历，最好是同学、同事、同乡等。有些项目介绍团队时，喜欢写得非常高大上，把一些稍微沾点边的大腕儿都放上去，以为可以为项目加分，实际上这是无效的。大家都很清楚大腕儿们时间紧张，根本不可能投入到你的项目中，甚至连顾问都谈不上，这样做反而让人觉得自己没有底气。与其写大腕儿，不如写自己人的行业经验，这个更有说服力。另外，兼职团队创业是不靠谱的，特别是作为合伙人，必须全职投入，全力以赴。每个人都有自己的特长和优势，但也都有自己的短板，大家优势互补，才能打造出一支具备强大战斗力的团队。

项目计划书的编写是个逐步完善的过程。最开始不可能完全明确，在寻找合伙人、意向投资者的过程中，会做多次沟通交流，吸取各方面的反馈。他们提出的问题，往往就是你没有考虑清楚、需要改进的地方。

回报方案的设计至关重要，是投资者决定是否投资的关键要素。

设计众筹方案需要考虑几个问题：筹哪些人、筹资多少、每人多少、回报什么，是否分期。众筹选人是第一位，一定不能给钱就要，而要根据项目发展的需要，把未来可以提供相应资源的人筹进来，最好同时还是未来的客户。①融资多少。取决于项目预算。②每人多少。有两种情况，一是大家均等，每人的款项都一样，比如都是 10 万；二是可以设定范围，比如 10 万～50 万元。大家均等的好处是心理平等，都觉得自己是主人，容易调动积极性；如果金额不等，容易有大股东依赖心理。③回报多少。给投资者的回报，要从多方面去考虑，因为人的需求是多样的，只有一种回报的话，很难满足所有人。回报可以分为有形回报和无形回报。有形回报，指的是产品、分红等；无形回报，指的是精神和心理上的回报，比如可以认识更多高层次人士，可以获得投资机会等。④是否分期。很多众筹项目是分期进行的。

四、打造项目计划书的六脉神剑

项目计划书不仅能够吸引投资人，也是吸引合伙人的利器。项目计划书要言简意赅，严格控制篇幅，不必过度介绍技术细节和行业术语，遵循投资人的行业研究分析和投资的逻辑，归纳起来就是六脉神剑。

第一剑　我们是谁？

要用场景介绍的方法，一句话对项目进行描述，让投资人清晰地理解你的项目。在什么场景下，用什么服务、用什么方式解决哪些用户的哪些痛点，这种服务和方式是否能提升效益或产生新的需求。

第二剑　我们做什么？

第三剑　我们的产品或服务是什么？

第四剑　我们是怎么做的？

第五剑　我们的团队是怎样的？

第六剑　我们的融资需求如何？

每一剑里都有核心的问题需要创业团队去仔细想清楚，并高效地呈现出来。

五、撰写项目计划书的八项注意

众筹计划书要写得好，前提是故事要讲得好。但是，众筹计划书又必须是真实可靠的。

（1）市场背景分析不要冗长，概括地介绍市场规模、增长率、市场定位和目标客户。

（2）需求是真实存在的，也需要做引导，但所描述的细分市场是实际存在且直观可理解的，这种需求最好是高频的，选择时一定要谨慎对待像百度、阿里、腾讯、小米、京东等大公司能轻易复制的市场。

（3）基本上没有一个行业是没有竞争对手的，如果你发现了一个别人没注意到的细分市场，既要理性分析，也要有对手进入后的对策。竞争对手分析要真实客观，不要恶意贬低对手来抬高自己，很多投资人都是行业研究的高手，最容易从这里看出你的眼光和心胸。

（4）核心竞争力是什么，最大的核心优势在哪里，是资源、技术还是团队，必须真实可评估，这样才能避免别人短时间内模仿。

（5）团队必须是真实靠谱的，兼职团队、虚假简历是大忌，最好是团队互补、结构合理，成功创业者或连续创业者会有加分。

（6）商业模式要好，但必须要有可行的运营方案，团队需要很强的执行力，在创业公司中很考验 COO（首席运营官）的能力。同时，在商业计划书中要对项目进展简单介绍，为下一阶段计划提供铺垫和依据。

（7）融资计划要靠谱，估值切忌浮躁，要合理，注册资金要真实，以便规范操作。资金使用计划要细致准确，明确到资金用途、使用金额、使用计划、预期目标。目标数据要落实到运营类的用户、市场占有、增长率等，经济指标包括收入和利润等，这些预测数据要符合常识。

（8）退出机制要明确，合伙人、天使或者机构投资者什么时间退出，如何退出，退出的时间节点和回报是什么，都要有比较明确的约定。

第四章
众筹的组织架构

- 核心发起人应当具备的条件
- 股权分配的原则和方法
- 股权及众筹项目的控制权设计
- 众筹——金钱之外的价值
- 众筹的管理架构
- 股权案例

《孙子兵法》中提到，故善战者之胜也，无智名，无勇功，故其战胜不忒。不忒者，其所措胜，胜已败者也。意思是说，真正善于用兵的人，没有智慧过人的名声，没有勇武盖世的战功。而他既能打胜仗又不出任何闪失，原因在于谋划、措施能够得以保证，他所战胜的是已经注定失败的敌人。合理的、有效的、富有前瞻性和约束力的架构设计决定众筹项目的成败。

一、核心发起人应当具备的条件

对于众筹项目来说，股权结构说到底是股东结构。在众筹项目发起之初，由于核心发起人人数较少，大家的利益容易平衡，也容易达成共识。在股权结构中，每个核心发起人持有多少股份，大家的责权利是什么，大家投入的有形资产和无形资产如何评估……只有把核心发起人的利益紧紧“捆绑”在一起，才能形成强大的凝聚力和向心力，才有可能随着众筹项目的逐步推进，招募第二轮、第三轮合伙人，形成品牌影响力，提高项目估值。

众筹项目表面上看是筹钱，实际上是筹人，只有找到合适的人，通过合理的股权设计、分配和退出机制，众筹项目才有可能成功。所以说，并不是所有的人都适合做众筹，也并不是所有的项目都适合去众筹。那么，核心发起人应当具备什么样的条件呢？

1. 志同道合，有共同的价值观

人靠谱，有激情，能看到未来；有格局，懂配合，不计较眼前利益。古人云：“道不同不相为谋”，讲的就是这个道理。我们发现大多数失败的众筹项目不是产品本身不好，也不是技术不好，而是人不行，热衷内耗，无视规则，互相拆台。有好处了，大家互相争；干砸了，互相指责抱怨。这样的项目，注定要失败。

2. 互补性强，不能同质化严重

为了缩短成功距离，少交“学费”，核心发起人必须具有很强的互补性，不能同质化严重。我们都在讲社群的种种好处，都在说强关系解决了信任问题，殊不知社群是把“双刃剑”。好的一面是基于同事、同行、同乡、同好、宗亲等圈层关系，建立了强关系，解决了信任问题；不好的一面是大家同质化严重，你懂的，别人也懂，你不懂的，别人也不懂。

所以说，既要找到靠谱的核心发起人，还要注意大家的业务、资源、能力是否互补。比如有人做产品，有人做运营，有人做技术，核心发起人各司其职，分工明确，效率也就会大大提高。

3. 规则意识，进入退出皆有法

俗话说：“没有规矩不成方圆”，说的就是规矩的重要性。中国是熟人社会，做一些事情，往往羞于谈钱，不好意思把规矩讲清楚。尤其是众筹项目，大家之所以支持你，是因为相信你的人品，相信你这个人的能力。大家在决定合作之前，一定要讲清楚规则，比如大家都有什么资源，如何分工，什么时间完成什么事情，谁负责监督，什么时候可以退出，怎么退出。只有把这些讲清楚了，并白纸黑字落实到纸上，大家各司其职、分头行动，众筹才有可能取得成功。否则等于瞎子摸象，成功的概率可想而知。

4. 股权结构要清晰

如果众筹项目在发起众筹前已经注册登记，并以公司名义发起，公司的股权结构一定要简单明了。也就是说，公司股东不宜太多，3～5个人为宜；在股东里面，既不能一股独大，也不能过于平均；公司灵魂人物的股份至少要超过51%，即相对控股，当然超过67%更好，即绝对控股。

5. 能全职投入工作

众筹项目从前期筹划到发起，从募集资金到运营管理，需要占用太多的时间和精力，如果核心发起人不能拿出时间来投入，众筹项目则有名无实，很难成功。所以，在项目发起前，核心发起人应保证投入必要的时间、精力，以便大家齐心协力，把众筹项目做好。

在众筹项目实际操作中，刚开始会有不少对众筹项目感兴趣的小伙伴，但是随着项目的推进，相当一部分人会由于各种各样的原因不能投入到众筹项目中，导致大家一哄而上，最后一哄而乱甚至一哄而散。

6. 能投入一定资金

无论是做产品众筹还是股权众筹，无论是梳理、优化商业模式还是撰写、推广众筹方案，无论是设置股权架构还是进行项目路演，无论是注册成立公司还是举办沙龙聚会，无疑需要投入一定的资金做支撑。

所以，核心发起人一定要根据自身的经济实力和众筹项目的实际进展，做好财务预算，准备充足的资金，保证项目顺利推进。在现实情况中，有不少项目因核心发起人不愿实际出资或因投入资金过少引发大量纠纷，以致众筹项目搁浅。

7. 能匹配一定资源

众筹的核心是人，只有每一个参与众筹项目的核心发起人释放自己的资源，为项目所用，项目才有可能快速落地，才能起到“1+1>3”甚至“1+1>11”的效果。

在现实情况中，能百分之百匹配自己的资源的发起人并不多，相反，只知索取资源，不知辛苦付出的不在少数。

二、股权分配的原则和方法

号称以互联网思维卖肉夹馍的西少爷，曾经以其崭新的商业模式引起业界广泛关注，发展迅猛。但是在公司刚刚走上正轨时，创始团队却因股份问题分崩离析。

西少爷三个创始人分别占股40%、30%、30%，没有一个人占51%以上，也即没有一个人有公司的控制权。好的股权架构应有一个大股东持股三分之二以上。不合理的股权架构下，只要出现问题，一定是毁灭性的，一定有股东被踢出局。

股权分配是一门技术，也是一门艺术，既要分配给能干的人，为众筹项目创造更大的价值，又要为众筹项目的发展预留出一定的发展空间；股权分配讲究时机，分得太早了，不值钱；分得太晚了，能人全被挖走或另起炉灶了。所以，如何运用“股权魔法棒”，既让能吃的猫吃得饱吃得好，又在众筹项目初期不过早丧失话语权甚至被赶出核心层。

那么，股权分配的原则和方法是什么呢?

1. 要推选一个大股东，享有话语权

在美国，即使几个创始人平分股权，公司也能做起来。但在中国正相反，能够做起来的公司，更多的是一股独大。比较成功的模式是这样的，大家推选一个带头大哥，让他做大股东，负责项目前期的运营，并对项目承担最大的责任；另外搭配1~2个占股权10%~20%、有与大股东互补的能力和资源的股东，能发出跟大股东不同的声音，对公司有一定的影响力。基于这样的模式，既保持不同意见，又有人做出决策并承担责任。

股权分配在根本上是要让所有人在分配和讨论的过程中，感觉到合理、公平，忘掉分配这件事，从而集中精力做事，这是最核心的，也是容易被忽略的。复杂、全面的股权分配分析框架和模型显然有助于各方

达成共识，但是绝对无法替代信任的建立。创始人最好开诚布公地谈论自己的想法和期望，任何想法都是合理的，只要赢得创业合伙人的由衷认可和支持。

投资人在投资早期项目的时候，通常会认为比较好的股权结构是创始人 50% ~60% + 联合创始人 20% ~30% + 期权池 10% ~20% 。

这里常见的一个问题是，很多创业者认为点子是自己提出来的，所以自己理所应当占据最大的股份，这是一个非常典型的误区。因为创业是一个长期、艰苦的过程，而不是一个点子。点子需要行动才能实现，过程充满了各种试错和调整，大多数创业项目成功时，所有的产品和业务与当初最早的点子相比，都已面目全非。如果点子提出者在公司成长过程中无法做出真正的贡献和价值，其他创始人很可能因为分配不公而抛弃你。

2. 股权分配不能搞平均主义

众筹项目的股权分配绝对不能遵循“吃大锅饭”“见者有份”的原则，搞平均主义，也不能完全参照每个人的实际出资额、专业背景和人脉资源搞“一刀切”或完全根据出资额占有股份。很多时候，创始人不愿意谈论股权分配问题，觉得难以启齿，所以他们要么完全回避这个问题，要么只是说一些模棱两可的约定，比如“我们是平等的”“先做事其他好商量”。如果有 3 个或 3 个以上的创始人，这种讨论就变得更加困难了。

创始人普遍会犯的错误是没有在第一天就把股权分配问题谈清楚，并写下来。股权分配等得越久，就越难谈。随着时间的推移，每个人都会觉得自己是项目成功必不可少的功臣，关于股权分配的讨论就会变得越来越难以进行。所以应该尽早进行股权分配的讨论并达成共识。谈这个问题的理想时间是，几个人决定一起做事情之后、正式开始做事情之前。

3. 股权分配避免走向两个极端

在实际运作过程中，创始人也往往容易走两个极端。一个是在核心发起人没有完全确定前，草草分配股份，导致每个人得到的股份与其能力、德行和态度严重不匹配，既损伤了能干活的人的劳动积极性，也纵容了偷奸耍滑的人的惰性，导致干活的人和不干活的人形成两个极端，互相对比，互相拆台，最终，能干活的人被排挤出局或无奈投奔到竞争对手的阵营；另一个极端是，创始人对股份掖着藏着，只顾着对其他合伙人画大饼，却迟迟不兑现，让人缺乏安全感，导致合伙人信心动摇，等合伙人想分配股份的时候才发现，公司已经没有真正能干活、愿意干活、会干活的人了。

对于众筹项目而言，只要把资源盘活了，把项目做成了，项目发起人和投资人手里的股份就值钱了，就有溢价的砝码了，即使手里只有1%的股份，也足以实现财富自由；反过来说，项目发起人如果死攥着手里的股份不撒手，吸引不了优秀的行业大牛和投资人的追捧，即使手里攥着99%的股份，也没有任何价值。

中国有句古话说得好："财聚人散，财散人聚。"用在这里，应该叫"股聚人散，股散人聚"。这一点应该引起项目发起人足够的重视，你是愿意一个人走还是一群人走，你是打算大鱼吃小鱼、快鱼吃慢鱼，还是群鱼吃大鱼、标签鱼吃非标签鱼？

4. 股份绑定，分期兑现

仅仅达成股份比例的共识还不够，如果一个创始人拿了很多股份，但后来未作出应有的贡献，或者有人中途离开公司，股份应如何处置？

在美国，初创公司一般对创始股东的股票都有关于股权绑定的机制设置，公司股权按照创始人在公司工作的年数或月数逐步兑现。任何创始股东都必须在公司做够起码1年才可持有股份（包括创始人）。好的股份绑定计划一般按4～5年期执行，以4年期股份绑定为例，第一年给25%，然后接下来每年兑现25%。如果股权已经分配好，大家必须坐到一起共同商议，并加上股权兑现的约定。

我国的创业公司没有执行股权绑定是极其普遍的现象，后果十分严重，甚至直接导致项目失败或公司倒闭。有些公司的合伙人加入之后立即离开，却依旧享有25%的股份，就是因为没有股权绑定条款。没有股权绑定条款，派股份给任何人都是不靠谱的。

股权绑定还有另外一个好处——有效平衡合伙人之间出现股份分配不公平的情况。例如，最初订立的股权分配比例更多的是拍脑袋想出来的，但项目进行一段时间之后，发现之前股权分配较少的乙对项目的贡献或重要性比股权分配较多的甲要多，董事会可与甲乙商量后做决议，把双方还没有绑定的股份重新分配，甲乙都会比较容易接受。因为已经绑定的股份不变。而且如果一方不接受的话，离开公司，也有一个明确且公平的已经绑定的股份分配。

股权绑定是一个很公平的方法，股份留给真正做事的人。做了的话就拥有股份，没做就没有股份，避免一些创始人离开公司以后还持有公司股权，不劳而获。

没有经历过股权纠纷的创业者，都不喜欢股权绑定，因为担心自己一旦在项目中发挥不出真正的价值而失去股份。而那些经历过股权纠纷的创业者，会在项目一开始的时候就和他的合伙人商量好股权绑定的方式。对初次创业者而言，他们尚未经历过股权纠纷，为了避免日后出现纠纷，应该对股权绑定问题加以重视。

5. 遵守契约精神

股权分配最核心的原则是契约精神。对众筹项目的发起人而言，股权一旦定下来，也就意味着利益分配机制定好了，除去后期的调整机制，接下来每个人的努力和贡献其实都和这个比例没有太大关系，尽自己的最大努力是最基本的要求。

对于所有的早期创业者来说，一定要明白一个道理：创业成功了，即使只拿1%也很多；创业不成功，就算占有99%也分文不值。孰轻孰重，项目发起人要想清楚、看明白、做漂亮。

对于项目发起人来说，确定投资人一定要遵循宁缺毋滥的原则：①合伙人一票否决制；②与懂规矩的人共事；③用制度淘汰不合适的人；④低价回购不能给项目创造价值的股东（合伙人）的股份。

三、股权及众筹项目的控制权设计

如果企业是一棵树，那么股权架构就是树根，产品、技术与运营就是枝干与树叶。如果一个树枝或一片树叶出现问题，就会影响树的长势，那么，修剪或砍掉即可。但是，如果根部出现问题，就是生死问题。企业股权架构设置问题，说到底是企业的根本问题。创业初期，大多数创业者想不到、看不见、听不进这个问题，真正明白这个道理的，多是遭受重创的人。所以，找到靠谱的合伙人，设置有效的股权架构，按游戏规则出牌，看似小事，却是大事。

股权不仅包括出资权和分红权，根据我国《公司法》的相关规定，股权包括但不限于如下权力：

（1）确认股东会、董事会决议无效权、请求撤销决议权；

（2）股东知情权；

（3）股东质询权；

（4）股东代表诉讼权；

（5）股东直接诉讼权；

（6）异议股东股权回购请求权；

（7）股东会召集请求权、自行召集主持权；

（8）申请公司解散权、申请公司清算权；

（9）公司剩余财产分配请求权；

（10）股东提案权；

（11）股东表决权；

（12）新股优先认购权；

（13）股权转让、继承、赠与权；

（14）股东优先购买权；

（15）股利分配请求权。

在这些权力中，对于众筹项目发起人来说，重要的权力无非有四项：①出资权，即在项目发起后，先后投入多少资金；②持股权，即在项目发起后，出资人占有项目多少股份；③分红权，即在众筹项目发展到一定阶段，发起人享有多少比例的分红；④表决权，即发起人在股东会中享有的表决权和在董事会中享有的投票权。可以说，表决权是发起人最重要的权利。

为避免众筹项目在发展过程中遇到不必要的麻烦，核心发起人应当在项目发起前就利用控制权根据项目具体情况和未来发展布局巧妙安排，以防不测。

项目发起人为了更好地掌控项目，推动项目快速发展，需要在控制权上做出一定的安排。

对于众筹项目而言，尤其是全国各地风头正劲的创业咖啡馆模式，为了吸引有着共同价值观的投资人，往往采取同股同权同利的做法，表面看似公平、公正、公允，实则危机四伏。

如果发起人把众筹项目运营起来了，由于同股同权，极有可能被其他合伙人“逼宫”，以申请召开股东会的名义，联合支持自己的其他股东，将众筹元老集体清洗，使他们拱手相让管理权，离开管理层。

耕者有其田，商者有其股，有恒产者有恒心，有股权者有股劲，这是亘古不变的铁律！

阿里巴巴成功上市告诉我们：通过股权激励可以吸引人才（蔡崇信），通过股权众筹可以留住人才（18 罗汉），通过股权融资可以吸纳资金（孙正义），通过股权合作可以打开市场（与雅虎合作）。

作为创业元老（创始人或创业团队），可以通过 AB 股模式（刘强东）、交叉持股（三星）、一票否决权（任正非）、一致行动人协议（蒙牛）、主流商业模式（天使投资 + 合伙人制 + 众筹）等方案设计掌控公司，免遭出局。

真功夫、1 号店、去哪儿网、大众点评、万宝之争、俏江南、小马奔腾等创业元老的惨痛教训值得每一个创业者去反思和深思，既要让桃树结出桃子，还要防止被别人摘了桃子，既要跳过无数陷阱，还要防止兄弟反目，既要在合并中做大，还要在被收购后变强。无论是引进合伙人还是与投资人博弈，科学的股权架构设置，有效的股权融资模式以及灵活的股权退出机制，至关重要。在创业时活下来、在成长时站起来、在强大时成熟起来才是王道。

四、众筹——金钱之外的价值

采用股权众筹模式创建的众筹咖啡馆是一种自组织，拥有清晰的组织架构与专业的管理团队，具备自发、平等、开放、去中心化等特征。众筹模式是一种自组织，但不能忘记两点：一是没有纪律的组织必不长久，无政府主义是一种乌托邦；二是众筹的发起人都是理性人，必有所图，如果没有专业的管理团队让他们达到预期，那必然会散伙。发起人的预期是什么？是各尽所能、各取所需，还是抱着投机心理，做短线投资？

1898 咖啡馆实行的是双层管理架构。第一层由执委会、监事会和秘书处组成，以服务股东为核心任务。第二层由专业的职业经理人团队组成，以咖啡馆经营为核心任务，向执委会负责。金融客咖啡也有类似的组织架构，并且专门成立了金融客物业管理公司和金融客文化管理公司，分别负责咖啡馆的运营以及股东的活动组织。与商协会一样，众筹咖啡馆必须要有一个专业、强大的秘书处，服务几十个、几百个甚至上千个来自各个地域、各个领域、各种背景的股东。

1898 咖啡馆作为平台众筹的代表，为中国众多社团、平台和商协会提供了一个可以借鉴的发展模式，具有重要意义，同时衍生出了众多类型的众筹项目。

其中，股权众筹作为重要的众筹形式，将与平台众筹一起成为中国式众筹的组成部分。相比于平台众筹，股权众筹更具有垂直的属性，操作理念和方法论也有一定差异性，并且更具有代表性。之前的花色优品和佳美口腔股权众筹都具有一定的代表性，需要更加深入的实践和研究，来提取股权众筹的基本逻辑和不变规律，来激活更多的“企业资本”。

1898 是校友圈，金融客咖啡是金融圈，CBD 并购咖啡是从并购一个点展开，北五环咖啡剑指体育行业，借助冬奥效应。除此之外，中医、酒庄、茶园、一带一路咖啡等，都是待被串起的点和待被连起的线。这还没有包括小菊咖啡发起人袁海涛通过培训班培育起来的众筹架构师要实现的众筹咖啡或者茶馆，这些分布在各行各业的实体店铺看似有点儿像民兵，实则身份多重，方向多维，正伺机而动。

五、众筹的管理架构

对于众筹项目来说，并不是所有的股东都会进入管理层，也并不是所有的股东都有管理权。如果众筹项目股东人数较少（不超过 50 人）或虽然超过 50 人，但是新股东与大股东签订了《股权代持协议》，不做工商登记变更，可以委托大股东代持其股份。

作为出资人的股东，共同组成股东会，股东会作为众筹项目的权力机构，根据我国《公司法》的规定，股东会行使如下权利：

（1）决定公司的经营方针和投资计划；

（2）选举和更换非由职工代表担任的董事、监事，决定有关董事、监事的报酬事项；

（3）审议批准董事会的报告；

（4）审议批准监事会或者监事的报告；

（5）审议批准公司的年度财务预算方案、决算方案；

（6）审议批准公司的利润分配方案和弥补亏损方案；

（7）对公司增加或者减少注册资本作出决议；

（8）对发行公司债券作出决议；

（9）对公司合并、分立、解散、清算或者变更公司形式作出决议；

（10）修改公司章程。

作为股东，有权查阅、复制公司章程、股东会会议记录、董事会会议决议、监事会会议决议和财务报告，并可以要求查阅公司会计账簿，分取红利。

股东会会议由董事会召集，董事长主持；董事长不能履行职务或者不履行职务的，由副董事长主持；副董事长不能履行职务或者不履行职务的，由半数以上董事共同推举一名董事主持。有限责任公司不设董事会的，股东会会议由执行董事召集和主持。

董事长或者执行董事不能履行或者不履行召集股东会会议职责的，由监事会或者不设监事会的公司的监事召集和主持；监事会或者监事不召集和主持的，代表十分之一以上表决权的股东可以自行召集和主持。

董事会

公司设董事会，成员为 3 人以上单数，董事由股东会选举产生，董事任期 3 年，任期届满，可连选连任。董事会作为公司的决策机构，对公司的发展方向、重要决策起着至关重要的作用，董事一般由持股比例较多、有一定权威和行业影响力的人担任。

董事会设董事长一人，副董事长若干人，由股东会选举产生。公司股东人数较少、规模较小，公司不设董事会，设执行董事一人，由股东会选举产生。执行董事任期 3 年，任期届满，可连选连任。执行董事的职权由股东自行确定。

根据《公司法》的规定，董事会行使下列职权：

（1）负责召集股东会，并向股东会议报告工作；

（2）执行股东会的决议；

（3）审定公司的经营计划和投资方案；

（4）制订公司的年度财务预算方案、决算方案；

（5）制订公司的利润分配方案和弥补亏损方案；

（6）制订公司增加或者减少注册资本以及发行公司债券的方案；

（7）制订公司合并、分立、变更公司形式、解散的方案；

（8）决定公司内部管理机构的设置；

（9）决定聘任或者解聘公司经理及其报酬事项，并根据经理的提名决定聘任或者解聘公司副经理、财务负责人及其报酬事项；

（10）制定公司的基本管理制度。

监事会

公司设监事会，成员若干人，监事会设主席 1 人，由全体监事过半数选举产生。监事会监事由股东代表监事与职工代表监事构成，但其中职工代表的比例不得低于三分之一。监事的任期每届为 3 年，任期届满，可连选连任。

公司股东人数较少、规模较小的公司可以设 1 ~ 2 名监事，由股东会选举产生。监事的任期每届为 3 年，任期届满，可连选连任。

根据《公司法》的规定，监事会或者监事行使下列职权：

（1）检查公司财务；

（2）对董事、高级管理人员执行公司职务的行为进行监督，对违反法律、行政法规、公司章程或者股东会决议的董事、高级管理人员提出罢免的建议；

（3）当董事、高级管理人员的行为损害公司的利益时，要求董事、高级管理人员予以纠正；

（4）提议召开临时股东会会议，在董事会不履行本法规定的召集和主持股东会会议职责时召集和主持股东会会议；

（5）向股东会会议提出提案；

（6）依照《公司法》第一百五十二条的规定，对董事、高级管理人员提起诉讼。

监事可以列席董事会会议。

通过众筹项目股份代持的方式委托一批名义股东组成公司的股东会，然后产生董事会、监事会、管理层，对于股东会，虽然那些隐名股东不参与股东会的日常决策管理，但是为了众筹项目的规范合理运行，建议在公司的制度里明确公司特别重大的项目包括收购、关闭破产、公司的上市引进战略，投资者须征求所有股东的意见包括隐名股东的投票，可以以问卷调查或网上投票的方式进行。

股东会是公司的权力机构，董事会是公司决策机构，监事会是公司监督机构。

董事会是一人一票，可以在公司章程里约定重大事项需要董事会三分之二或过半数通过，董事会选举或委派经营管理层和财务负责人，在必要的时候外聘法律顾问、财务顾问、品牌顾问、融资顾问等专业人士，为众筹项目的发展做信用背书，提供专业服务。

监事会是公司重要的监督机构，代表全体股东对董事会、经营层进行监督。

六、股权案例

■ 案例一：从西少爷创始人反目，看股权众筹融资风控

图 4－1　西少爷标志

用互联网思维卖肉夹馍的西少爷因创始人反目，引发大批众筹操盘手、投资人和财经媒体的围观。众筹作为全新的草根创业的融资渠道，如何融资、如何分红、如何风控，是股权众筹融资的关键。

看点一：众筹的钱可以通过什么程序要回来？

宋鑫作为西少爷创始人之一，因为已经离职，其爆料的信息的真实性待定。西少爷当初为了创业用前三家店 40% 的分红和股权凑齐 50 万启动资金。但是从西少爷创立至今，既没有向投资人分红，也没有向投资人付息。如果上述爆料属实，西少爷是伪众筹，实质应是集资行为。

投资人或集资人应该根据《投资协议》或《集资协议》向西少爷主张分红、股权变更、查询财务报表或退股等权力。如果西少爷及创始人失联，投资人应向西少爷公司注册地或实际办公地法院提起诉讼，或者向西少爷公司注册地或实际办公地工商部门投诉。

看点二：创业公司在股权众筹融资时具体该如何操作，投资人、创始人和雇员分别应该拥有多少股份，为了避免未来留下纷争隐患，有哪些需要注意的？

虽然目前我国法律对于股权众筹融资没有明确的规定，但是在实际操作中，国内的众筹平台已经对众筹融资设定了极其严格的条件和流程。

首先，创业团队如果需要股权众筹融资，应通过众筹平台严格审核，而且创业项目是面向不特定投资人的。投资人在投资前需要详细了解项目的具体内容、盈利模式和创业团队、投后分红计划等项目信息。创业团队需要根据众筹平台的要求提交相关证件、资质，跟众筹平台和投资人签署《项目融资服务协议》和《股权众筹融资协议》，明确约定众筹平台、融资人和投资人的权利、义务、分红比例、违约责任、退出机制及争议解决办法等。

其次，投资人进行众筹投资，需要仔细查阅项目信息，最好能够亲自接触创业团队，对其产品、服务和用户体验有一个全面的了解，避免头脑发热，盲目投资。在投资前一定要签署《股权众筹融资协议》确保自己的利益。如果由众筹平台牵线，还应当与众筹平台签署《项目融资服务协议》，确保投资项目的安全性、真实性和有效性。毕竟股权众筹不同于债权众筹和会员众筹，它具有收益不确定性和收益风险的长期性，通常情况下创业团队无法保证投资人的投资回报。

最后，一定要选择靠谱的众筹平台，根据信任的明星领投人进行投资。例如，中关村天使街设定的是“2 + 8”的众筹融资模式，20%的专业领投人领投，他们通常具有多年投资经验和一定的投资实力。作为投资人一定要选择自己熟悉的行业和项目，毕竟隔行如隔山，并不是哪个项目都能赚钱的。

看点三：创业公司如何设计股权架构？

创业团队如果需要股权众筹融资，创业团队应达成统一认识，预留出一定比例的股份，制定需要融资的金额、需要投资的人数、每个投资人最多可以持有的股份等。

通常，创业团队根据融资需要，拿出如10% ~40%左右的股份，由投资人根据自身情况购买一定比例的股份，享有一定的权利。

股权众筹投资人作为公司的股东，享有股东应当享有的股份权、分红权以及对公司财务状况的监督权和建议权。

为了保障创业团队有效运营，原则上由公司创始人代持投资人的股份，投资人原则上不享有表决权；当达到一定的经营期限或销售收入时，投资人既可以增持股份，也可以全部或部分转让股份。

也有的创业公司，对投资人的股份不代持，而是进行工商变更登记。投资人享有什么权利、什么时间分红、什么时候退出、是否享有表决权等，完全由双方约定。

但是无论是何种形式的投资方式，创业团队都应当及时向投资人进行信息披露，允许投资人查阅公司的财务报表，并根据约定的时间和比例进行分红。

看点四：公司早期要引入天使投资，股权架构如何设计，对于投资人来说，投后收益风险该如何管理？

公司早期引入天使投资，既可以在公司创立之初，以创始股东的名义加入，在公司章程中明确出资额、所持股份、是否参与公司的经营及退出机制；也可以另行签订《股权代持协议》，由公司的创始人代持天使投资人的股份，天使投资人作为隐名股东，不出现在公司股东名册上。

天使投资人也可以在公司成立后进入，以资金换股权，创业团队与天使投资人的权利、义务、违约责任、争议解决办法及退出机制，应另行由《股权投资协议》来确定。

投资人除了看重商业模式、创业团队以外，更为关注的是创业公司的安全性和投资回报率。对于投资人来说，投资就是投人，一定要选对人，创始人在团队中具有绝对的权威，具有成功创业的经验和激情。

除此之外，投资人可以通过变更公司章程或另行签署投资协议，进入公司董事会，并安排财务总监或经理对创业公司的财务状况进行监督、指导，辅导创业公司规范运营，提高估值，取得回报，及时退出。

■ 案例二：初创企业如何有效设置股权

4 人联合创业团队，职责分工、出资额及占有股份如下：

表 4－1　4 人联合创业团队职责分工、出资额及占有股份

职责分工	出资额（万元）	占有股份（%）
战略、运营执行	10	31
IT 网络搭建、维护	10	13
技术把控	10	13

续表

职责分工	出资额（万元）	占有股份（%）
市场、推广	10	13
民间小天使	20	10
期权池		20

以上例子中，除民间小天使外，其余4人均全职加入，这样的架构设计，其合理性、科学性及未来发展情况如何，是否是最佳搭档呢？

上述职责分工、出资额及占有股份基本上符合互联网公司的股权架构，既有效“绑定”了四个联合创始人全职加入，而不仅仅是投资，又吸引了民间小天使（“微天使”），客观上缓解了创业初期的资金压力，更为重要的是，预留出了20%期权池，为今后公司的长远发展和核心人才引进做了铺垫。

但需要注意的是，每个公司都需要有一个灵魂人物，在公司重大问题上有绝对控制权，以防止创业初期大家都是“老板”的情况发生，遇到重大问题时举棋不定，影响效率。

从上述案例的股权架构来看，表面上31%的股权有绝对话语权，但实际上，如果面临某一决议，当掌握13%股权的3个股东联合反对时，这一项决议将不能通过。此时，公司就会陷入决策僵局。尤其是有关公司增资、修改公司章程等需要具有表决权的股东三分之二以上通过的，如果任何一个股东不同意，几乎就是一票否决。

当然，每个公司的情况不一样，这就更应根据创业团队的自身情况和发展愿景设计出既符合原始股东和投资人利益，又能为今后有效引进人才和资金做准备的股权架构。

建议一：创业团队必须有一个灵魂人物

灵魂人物的创业成功经验、人脉、领导力、行动力和亲和力都应具备相当的优势，同时，其所持股份应占到51%以上，或者享有80%以上的表决权，以保证对公司的绝对控制，防止在创业初期大家都是

“老板”的情况发生，谁说了都算，又谁说了都不算，在重大问题上扯皮。

公司要为A轮、B轮融资打下良好的基础，防止因绝对控股的灵魂人物所持股份被过早稀释或被其他联合创始人“逼宫”而被迫出局的情况发生，使公司群龙无首或被其他联合创始人“架空”。

建议二：初创企业必须坚持正确的方向不动摇

创业是异常艰难的，也是异常残酷的，小伙伴们之所以能不计报酬、起早贪黑、牺牲双休日甚至节假日，很大程度上取决于对创始人的信赖，对公司未来发展的无限憧憬。

在创业路上，诱惑很多，创业团队往往由于创业经验不足，对市场把握不准，容易犯急躁症和短视症，可能投入大量的人力、物力、财力研发大量的不适销产品。但是渠道不给力，服务跟不上，用户体验不好，新媒体宣传不当，无形当中会流失大量客户，造成负面评价。

所以，创业团队必须坚持正确的创业方向，无论是研发产品还是设计营销模型，都应当进行大数据分析，聘请成功创业的企业家和专家为创业导师或顾问，学会借用外脑，而不是闭门造车；学会精准定位，锁定目标客户群；学会聚焦，专注小而美，而不是贪大求全；学会在正确的道路上死磕、专注，而不是以战略升级的名义随意调整战略方向。

当然，在发展初期，对产品结构、部门人员、销售策略进行适时调整是允许的，也是必需的。创业团队既要有战略眼光，不打无把握之仗，不花冤枉钱；又要关注战术和服务细节，研发出让客户尖叫的产品，在专业领域深耕细作，而不能偷奸耍滑，伪造数据，误导投资人。

建议三：初创企业必须建立有效的激励机制

初创企业要不断培养和引进认同公司价值观的专业管理人才、市场人才、技术人才和法律人才，同时还要建立完善的劳动人事制度和期权激励计划，与不同部门、不同岗位的员工签订《劳动合同》《聘用合同》或《项目合作协议》；对公司高管和部门经理，设定明确的工作目标，并进行月度、季度和年度总结、考核，对于不能胜任工作的，及时予以辞退或调岗。

为了保护公司的知识产权和商业秘密，对公司高管或核心员工，及时签订《岗位工作责任书》《商业秘密保护协议》和《竞业禁止限制协议》，全方位保护公司的知识产权和商业秘密。

同时，设置较为灵活的股权架构和期权激励计划，除了创业团队持有不同比例的股份外，对创业团队定岗定责定人，发放不同的岗位工资和绩效工资，在一定的工作期间完成一定的工作任务，除了有灵活的晋升渠道，还应当赠与一定比例的股份。

对于后加入公司的高管和核心员工，如果他们看重公司的未来，则可以通过设置期权激励计划与公司绑定，发一定比例的工资；对于暂时不看重公司未来的公司高管和核心员工，则可以发较高的工资，而不考虑实施期权激励计划。

建议四：初创企业必须完善知识产权保护体系

初创企业大多是轻资产运营，无形的资产往往大于有形的财产。而知识产权是初创企业最重要的无形资产，所以，初创企业应当在计算机软件、商标、域名、专利等领域加强研发力度，及时向国家有关部门申请版权登记、商标注册和专利保护。

健全的知识产权保护体系既能有效提升公司的品牌影响力，又能为提高估值、后续融资打下坚实的基础，同时还能有效防御不法侵权者，为公司的稳健运营保驾护航。

【相关法律】

《中华人民共和国公司法》

第四十三条　股东会会议由股东按照出资比例行使表决权；但是，公司章程另有规定的除外。

第四十四条　股东会的议事方式和表决程序，除本法有规定的外，由公司章程规定。

股东会会议做出修改公司章程、增加或者减少注册资本的决议，以及公司合并、分立、解散或者变更公司形式的决议，必须经代表三分之二以上表决权的股东通过。

第五章

众筹项目的路演

- 项目路演的定义
- 项目路演的主要内容
- 项目路演的方式方法
- 路演主要流程
- 众筹项目路演实战策略

项目路演作为一种促进投融资的重要活动，有利于加强投资者对于项目的全方位了解。随着移动互联网技术的发展，路演呈现的方式越来越多元化，越来越多地运用多媒体技术向合伙人或者投资人呈现项目的具体信息。项目路演分成线上项目路演和线下项目路演。线上项目路演主要是通过微信群、在线视频等互联网方式对项目进行讲解；线下项目路演主要是通过活动专场对投资人进行面对面的演讲以及交流。它的好处在于可以同时让多个投资家很认真地倾听你的讲解和说明，同时还可以有一个思考和交流的过程，让投资人真正读懂企业的项目，从而做出更为准确的判断。

一、项目路演的定义

路演一词源于国外的“Roadshow”，是国际上广泛采用的证券发行推广方式。路演作为一种促进投融资的重要活动，有利于加强投资者对于项目的全方位了解。随着移动互联网技术的发展，路演呈现的方式越来越多元化，越来越多地运用多媒体技术向投资人呈现项目的具体信息，不管是从效率还是从效果来说，相比传统的纯文字演讲，是一个巨大的进步。

如今，“互联网＋”“大众创业、万众创新”成就了每个人放飞梦想、释放自我的期待。中关村大街上的咖啡馆热闹非凡，人头攒动，天天上演各种创业的传奇和神话。李克强总理为创业代言，更是助推创业

图 5－1　在中关村创业大街上路演的创业者

达到了新高度。然而凭借一纸商业计划书就拿到投资人的钱也绝非易事，项目路演是一门艺术。路演成功，获得投资人的青睐，就能帮助你的公司快速腾飞；相反，如果路演失败，你的创业梦想可能就会一波三折，影响发展。

优质的众筹项目要进入投资人的法眼，路演是重要的一环，但创业者如何在路演现场“扮靓”项目，用最短的时间向投资方推荐好项目呢？如何才能进入天使投资的法眼呢？梳理时下进行的各类项目路演，不难发现，纵使创业的项目多么有“钱景”，但要获得投资机构的青睐、吸引合作伙伴，还得在如何做好路演上做足功课。路演时通常每个项目安排 10 分钟，从表面上看，不过是动嘴皮子的活，实际却应了那句古话：“台上一分钟，台下十年功”，项目路演确实是门技术活。

一场 10 分钟的路演下来，投资者往往是“雾里看花”，弄不懂创业者的项目实质。大部分创业者是“创意的巨人，路演的矮子”，虽然有“天使看人品，A 轮看产品，B 轮看数据，C 轮看收入，上市看利润”的说法，听着很有感觉，但面对如何做一场让投资者无法拒绝的路演这一问题时，还是有许多的技巧、策略和艺术要讲的。

图 5－2　创业者在为自己的众筹项目进行路演

路演就是活灵活现地把计划书内容“表演”出来，但是表演的流程，依然要按照章法进行，路演不是即兴演讲。

首先你要简要地说明你是谁，你的项目是什么，为什么会操作这个项目，你能为市场以及消费者解决什么问题，能给投资人带来什么收益，这么优质的项目，你已经筹备到或运营到什么阶段了，如果可以获得投资者的认可和支持，项目在多久之内会达到什么样的层面，会得到什么样的收益……之后再详细地展开演说，逐步讲解项目细节。

路演可以使用 PPT，也可以是视频形式。如果你有足够的资源和技术支持，完全可以做成微电影，把历史影视资料搬进你的作品里，让大家通过历史的回顾以及现实的对比，生动的感受项目运营所带来的市场进步与变革。无论是哪种表现形式，路演都离不开你的讲解和演说，因此，准备完善的台词及简明幽默的口语表达能为你加分不少。

同时，你还需要组建你的众筹团队，需要懂财务的、懂法律的、懂营销的、懂运营的、懂销售和市场的，甚至懂技术的人员来支持你做项目计划书和路演。你要收集相关资料数据，并加以分析和总结，得出你想要的结论。还要有文采好的人帮你执笔，甚至还要聘请一位美工帮你设计 PPT 或者宣传品，然后反复地斟酌与审核。最好请专业人士客串读者和投资者，为你的计划书和路演作品做点评，提意见。千万不要嫌麻烦，也别觉得没这个必要，你要清楚地知道，一份好的商业计划书以及一次合格的路演，可能为你带来众多的投资者和支持者，甚至筹得投资人在管理、运营、思路、圈子、人脉等各个方面的资源，让你一演成名。所以，机遇只垂青有准备得头脑，准备得越充分、越完善，众筹成功的概率就越高。

二、项目路演的主要内容

公司业务：公司名称、成立时间、注册地区、注册资本、主要股东、股份比例、主营业务、经营现状以及发展前景。

管理团队与股权结构：姓名、性别、年龄、籍贯、学历、毕业院校、行业从业年限、主要经历和经营业绩。

商业模式与竞争力：商业模式包括经营模式和盈利模式；商业模式的创新点以及行业壁垒。

行业与市场：行业现状以及发展前景、市场规模以及增长趋势、行业竞争对手、公司的行业地位以及竞争优势。

财务现状与预测：统计公司现在的收入、毛利、净利、增长率，以及预测未来的收入、利润和回报率。

经营风险与对策：预测项目经营中有可能出现的经营风险以及解决对策。

项目路演的好处在于可以同时让多个投资家很认真地倾听你的讲解和说明，同时还可以有一个思考和交流的过程，让投资人真正读懂企业的项目，从而做出更为准确的判断。

三、项目路演的方式方法

项目路演分成线上项目路演和线下项目路演。线上项目路演主要是通过QQ群、微信群，或者在线视频等互联网方式对项目进行讲解；线下项目路演主要是通过活动专场对投资人进行面对面的演讲以及交流。

项目路演的好处在于可以同时让多个投资家很认真地倾听你的讲解和说明，同时还可以有一个思考和交流的过程，让投资人真正读懂企业的项目，从而做出更为准确的判断。

路演前准备事项：制定路演流程；准备路演资料，如投资意向书、代持协议等；确定路演时间、地点；通知意向投资人。

图5－3 众筹实战集训营老师正在辅导众筹者如何路演

四、路演主要流程

介绍项目计划书，包括众筹方案。向大家介绍项目情况，让大家对项目有深入的了解，特别是众筹方案，明确需要付出什么，可以得到什么。

问题交流和答疑。发起人对项目进行介绍和推介后，意向投资人肯定会有各种问题，这时要安排统一的问题交流和答疑时间，发起人针对问题进行答复。需要注意的是，答复一定要直截了当，简洁明了。诚恳的态度很重要，不要试图掩饰什么。发起人要有心理准备，因为投资者会问各种问题，不管是否敏感，不管你是否愿意回答，都要给予回应。

意向投资人分享。设置一个意向投资人分享环节非常重要，让台下愿意分享的人上台来讲几句，可以调动现场气氛。众筹必须有开放的心态，愿意倾听每个人的声音，不管是正面的还是负面的。不用担心别人说你好话还是坏话，要相信群众的眼睛是雪亮的，项目好、人靠谱，该投的肯定会投。如果因为别人说不好就放弃投资你项目的人，本身也不是合适的投资人。

签订意向认购书。把事先打印好的意向书发给每一位投资人，提示大家签订。人们在签名的时候是很慎重的，生怕中了圈套，所以要提醒大家，这个意向书是没有法律效力的。

五、众筹项目路演实战策略

众筹项目融资路演，到底要说些什么，才能打动投资人、获得资金支持和资源对接呢？笔者经过多年实践，结合近年来的企业咨询和创业辅导经验，整理分享给众筹者们一套项目路演策略，便于众筹者理解和应用这一模式，包括五项重点，四大核心，三大切忌，两个牢记，一个定位。

1. 五项重点

五项重点指的是商业计划书中，必须有五个重点内容：你是谁？你想做什么？你曾经做过什么？你拥有什么？你需要什么？

（1）你是谁。简单介绍公司或者项目的状况，核心团队成员，包括你确定可以借助的外部智慧，可以成为关键人物的成员。

（2）你想做什么。明确项目定位，同质化竞争分析，聚焦你能解决的客户痛点，但是要特别注意，痛点不要多，一个就够，多了等于没有痛点。

（3）你曾经做过什么。你的经历和阅历，拥有的项目成果，所有证明项目价值、市场潜力的资料。最佳的证明是客户见证，媒体报道，名人推荐。

（4）你拥有什么。团队拥有哪些硬实力和软实力，专利认证，资质证明。关键在于，你说的这一切都是完全属于你的，你可控的，你独有的。

（5）你需要什么。需要多少资金？为什么是这么多资金？拿到这些资金的用途是什么？如何使用？如何分配？这些问题能够证明你有强烈的投资回报意识和清晰的运营策略。

特别提示，这五项重点，没有固定的顺序，关键在于整个思路要浑然一体，环环相扣。

2. 四大核心

核心一：突显团队。一切成败的核心要素是人，一个什么样的创始人带出一群什么样的人，必须在短短 10 分钟之内，证明要将优秀创意落地的人是不是靠谱的问题，这是一切后续的起点。

核心二：用数据证实你的商业模式和商业逻辑。凭什么让投资人充满希望，是自以为的头脑发热还是客观立体的分析预测，答案要一目了然。

核心三：以价值驱动利益聚集核心竞争力，解决最大最要命的市场痛点。要有完备的系统化实施策略，用团队、产品、运营多维度证实项目的市场价值闭环，确保投资利益持续发展和利益最大化。

核心四：以靠谱的回报满足投资人的投资收益。

3. 三大切记

切记一：不要拿路演当练习。路演者必须是公司的创始人或者CEO，路演前必须经过头脑风暴及多次演练。

切记二：不要只会念 PPT。照本宣科、机械式的阅读，再好的创意也会成为乏味的宣讲而让投资人失去兴趣。

切记三：没有依据的承诺或者回报，会让投资人反感而失去被投资的机会。

4. 两大忠告

忠告一：路演一定要简洁。要遵循 10 分钟原则，要用最简洁的语言精准点出产品及优势，引起投资人注意。尽量多采用场景、情怀以帮助理解，有实物体验是最好的。路演过程需要一定的包装，可美化但不可虚构，切忌过度包装。项目要经得起推敲，有充足的理由和案例应对投资人的拷问。

忠告二：项目路演是演给投资人看的。投资人资金很多，但如果不清楚投资人想要什么，你根本没有拿到资金的可能性。公司值多少钱不重要，关键是要有市场，有市场的企业才会有价值。

5. 一个定位

众筹项目的路演，所有的素材和内容，全部浓缩成一句话，就是你的企业定位。清晰的定位就是一句宣传语，也是最能体现你项目价值的最佳诠释。

第六章
众筹的股东选优

- 明确标准
- 列出备选
- 开始链接
- 背景调查
- 敲定人选
- 分层推荐
- 投资人如何选择合适的众筹项目

众筹的目标是筹人而不是筹钱，筹钱是入口，筹人是目标，筹钱是众筹中最容易做到的事情，筹人则最难。做众筹一定要把最主要的注意力放到投资人的筛选上，千万不要给钱就要。凡是给钱就要的，后面一定会出问题，有句话说得好："凡是用钱能够解决的问题，都不是问题。"创业不是金钱的比拼，真正比拼的是勇气、智力和资源的积累。如果仅仅靠钱的话，所有的机会都会被有钱人霸占，后来人根本就没有机会了。凡是只盯着筹钱的众筹项目，都很难成功。

作为众筹项目发起人，一定要明白股东优先的道理，找到合适的投资人。如何找到合适的投资人呢？下面是我们总结的步骤，按照这个步骤来做，也许速度比较慢，也许需要花费大量的时间和精力，但是项目运作起来后，你会发现，这个时间和精力花得绝对超值。

步骤一：明确标准

步骤二：列出备选

步骤三：开始链接

步骤四：背景调查

步骤五：敲定人选

步骤六：分层扩散

一、明确标准

众筹的本质是资源对接，众筹项目要找的人，必须是对项目未来发展有帮助的人，必须拥有项目发展需要的资源。

1. 对项目发展有利

一个项目要想顺利发展并越来越好，离不开几类人：消费者、宣传者、资源提供者、出力干活者。如果一个人既是消费者，又能帮忙做口碑宣传，既能出力干活，又能提供项目发展所需的资源，无疑是最佳选择。

同时，项目的发展壮大离不开五个方面的支撑：政产学媒金，即政府、产业、学术、媒体、金融，找投资人时要综合考虑各方面的资源平衡和对接。

2. 有资源、有热情、能投入

一个没有任何资源的人，成为一个项目的股东后，只会索取，没有付出，这样的人是不适合做众筹投资人的。如果一个人活了几十年，没有任何资源积累，说明这个人本身就是失败的，或者是不愿分享的，这样的人加入后很难对项目有正面的作用，不适合做众筹投资人。

有的人有资源也有时间，但是没有热情，不愿投入资源到项目中来，这样的人也不适合做投资人。

有资源、有热情、愿意投入到项目中，这样的人是众筹项目投资人的最佳人选。

3. 人品好、不计较、好说话

众筹项目发展过程中，会遇到各种各样的问题，会有各种误解、纠纷，甚至争吵。如果一个人太过计较，总是盯着自己的一亩三分地，生怕自己吃亏，就会把股东之间的相处环境搞得乌烟瘴气，这样的人是不适合加入众筹项目的。

要找那些凡事不计较、容易说话的人，拼命压榨他们的资源，动用他们的劳动力，一起把项目做好，然后好好地回报他们。

人品至关重要，诚信、踏实、乐于分享、无私奉献是投资人最需要具备的品质。

如果一个人的目的就是为了经济回报，这样的人是不能要的。我们见过很多众筹项目，为了吸引更多投资人进入，前期给了很多承诺，特别是经济利益回报，吸引了很多素不相识的仅仅为了追求财务回报的投资人。项目运行后才发现，根本无法做到之前承诺的业绩，这时候，投资人就会冒出各种问题，要求退股的、要求赔偿的、带头闹事的……搞得整个股东群体环境乌烟瘴气，严重影响项目的正常运作。那时候，作为项目发起人，你会非常烦恼，恨不得马上退款给他们、让他们从地球上消失。但是，请神容易送神难，你会逐渐陷入焦头烂额、难以维系的境地。

二、列出备选

明确标准后，下一步需要按照这个标准列出符合要求的备选人员名单。

备选投资人的来源主要有以下几个：

1. 自己身边的朋友、同学、同事

这些人了解你、信任你，容易理解你的想法和思路，接受你的要求，成为你的同盟军。拿出你的手机，打开通信录，一一查看里面的名字，找出符合上面所述合格投资人标准的人，记录下来。

2. 自己所在社群的人

社群是聚集资源的场所，也是建立信任的阵地。社会上有很多社群，如同乡会、校友会、俱乐部、商会、协会、智库等，我们每个人也都属于不同的社群。在一个优质社群内部，聚集着大量的资源，有很多对你的项目发展有帮助的人，如果你平时注意资源的积累和关系的维护，一定可以在社群内部得到别人的帮助，说服他们。同样，按照前面所说的三个标准进行筛选，记录下符合要求的人。

3. 产业链的上下游

比如供货商、研发、制造厂家、配套厂家、销售渠道、行业协会等，其中最重要的是以前积累的用户。这些人一直在使用你的产品或服务，对你有足够的信任。通过众筹这个方式可以很容易地把大家链接到一起，从纯粹的消费关系变成更紧密的投资关系、股东关系。

这个事情不能仅仅一个人做，要发起团队所有人一起做。对于运作多年的传统企业，已经在行业上下游积累了大量资源，自己公司就有成百上千名员工，可以通过团队和员工共同筛选，列出备选名单。

列出名单后，下一步是进行初步的比较和筛选。为了更好地资源对接，最好是投资人之间的资源互为补充。比如我们做的一个特色农产品众筹项目，投资人主要是两种类型，一种是做企业的人，一种是政府机关的人，这两类人天然互补。

发起团队必须坐到一起，用互补这个标准把列出的所有备选名单过一遍，去掉重合太多的，补充明显缺失的，这样名单会更加科学合理。

需要注意的是，用这种方式列出的备选名单，仅仅是第一批投资人，在第一批确定后，通过各自的推荐和扩散，会陆续有第二批、第三批人选加入进来。

三、开始链接

列出备选名单后，下一步就要开始链接了。通过各种方式与名单上的人对接，和他们沟通交流项目计划和众筹方案，一方面是希望他们能够加入，另一方面是获得他们的反馈，优化并改善方案。具体该如何链接呢？

1. 自己主动去找

众筹项目发起人可根据名单，主动联系和拜访。

以小菊咖啡为例，我们列出备选名单后，圈定了一些重点人物，逐一拜访。第一个拜访的是彭剑锋老师。彭老师是中国人民大学的教授，华夏基石管理咨询集团的董事长，中国著名的管理咨询专家，同时他是前华为顾问小组的组长，带领“华为六君子”完成了《华为基本法》的编著，在华为员工内部有巨大的影响力和知名度。

交谈之后，彭老师对这个事情很认可，当场同意加入小菊，并接受了三位发起人的邀请，担任一号股东。有了彭老师的支持，三位发起人马上信心大增，接着又陆续拜访多位人物，确定原华为副总裁、人力资源部总监张建国，K2 房地产董事长崔巍，以及其他几位原华为资深员工加入。

有了这些标杆人物的支持后，三位发起人开始通过微信群和朋友圈扩散小菊咖啡众筹的消息。一石激起千层浪，借助微信和口碑的传播，消息在前华为人圈子中迅速蔓延，陆续有很多人主动表示要加入小菊咖啡，意向股东数量迅速增加到 100 多位。

拜访重点人物是非常必要的，如果前期有一些旗帜性的人物加入，对于其他潜在人群有很大的示范效应，有助于众筹的顺利开展。但一一拜访是非常耗费精力的，有些人可以通过电话、微信等方式交流。

2. 请人帮忙推荐

对于那些不熟悉的人，直接拜访并不合适，这时可以找人推荐，牵线搭桥后再行拜访，不会显得太唐突。找投资人的过程，就像扔一颗石子到池塘中一样，从中心开始逐层扩散，水波纹一圈圈荡漾开来。当有了第一批投资人后，通过他们推荐，可以把圈层迅速放大，并且经常会有惊喜，找到你想要、但是无从下手的人物。

小菊咖啡现在的股东有普天集团的副总裁陶总，有 K2 房地产的崔总，他们并非前华为人，都是由他们的朋友推荐进来的。

四、背景调查

列出的备选人员，并不一定真正适合项目。要识别一个人是否符合条件，其实是件很难的事情，因为人都是善于伪装和掩饰自己的，特别是到了一定年纪，具备丰富社会阅历的人，他们会按照有利于他们的方向说你想听的话。所以，如果仅靠填写问卷或一次面谈就确定投资人，那么，成功的概率也会大打折扣。

那么，我们可以通过什么方法来考察投资人呢？

1. 和他一起做事

人不可能一直绷着，只要是狐狸总会现出原形。找点小事和他一起做，在做事过程中用心观察他的言谈举止、行为习惯等，这些地方都会暴露他的本性。比如一起上个培训班、一起爬山打球、一起玩杀人游戏、一起打牌、一起喝酒。这个人是大度还是小气，是乐于付出还是只会索取，是踏实能干还是满口空话，是乐观积极还是消极悲观，是善解人意还是以自我为中心，只要你仔细观察，肯定可以了解到。

2. 调查他周围的朋友

这包括两个层次，即他的朋友是什么样的人以及他的朋友对他的评价。

（1）他的朋友是什么样的人

物以类聚、人以群分，千真万确。他的朋友某种程度就是他的影子，通过他的朋友可以对他有一定的认识。

（2）他的朋友对他的评价

在淘宝购物，最主要的决策因素之一就是用户评价，可见评价的重要性。可以通过某些方式结识他的朋友，了解朋友对他的评价，从而得出更加真实的结论。

以上两个办法都需要花时间，看起来比较笨，但绝对是值得的，因为从无数失败案例中可以看出，成败的最主要原因都是人的问题。一旦人选错了，后面会花费无数倍的时间、精力和金钱来弥补和填坑，代价巨大。

小菊咖啡在这点上吃过苦头。当时还没有完成公司注册，就临时决定让股东们打款到一个个人账户，基于对这个人的信任，也没有考虑太多。没想到这竟然成了一个大坑，这个人不知出于什么目的，收到款后死活不肯把款项拿出来，中间经过无数次的开会沟通，甚至争吵指责，也无济于事。后来通过董事会决议，他自己签字承诺第二天打款出来，结果第二天还是拒不执行，后来又经过各方人员多次调解，最终在2015年5月20日才算将此事了结。从4月5日众筹结束到5月20日，一个半月的时间，三位创始人像农民工一样追讨这笔款项，花费了大量的时间和精力，苦不堪言。

当初，之所以决定把款项打到个人账户上，最主要的原因是这个人是资历很老的前华为人，大家就默认为是值得信赖的、不可能有问题的。谁能想到这么一个简单的决定，埋下了一个大大的隐患。其实，如果我们按照之前的条件和方法，多花一些工夫的话，是完全可以避免的。这个人还算有些资源，但是在热情和投入上明显不足，而且后来听几位认识他的老同事说起，他在经济问题上是有前科的，有借别人的钱一直不还的先例。如果能提前知道这些信息，也许结果就不一样了。还有一点，就是必须制度和人性兼顾，既要信任人，又要把信任控制在制度之内，通过制度约束人的行为，从而避免漏洞的产生。

CC美咖在选择投资人的问题上，也犯了同样的错误。在CC美咖创始人宋文艳对CC美咖众筹失败的反思中，可以看出这一点对众筹项目造成的致命伤害。

“我写了一个招股书，没有公开发，只是在越秀人力资源的QQ群和我个人的朋友圈发布了一下，在汉口的咖啡厅开了三次现场招股说明会。

图 6－1　CC 美咖股东合影

没想到，两周时间，就有 50 多人愿意加入我们，2 万元一股，抢着刷卡，超乎我的想象，两周筹了 100 万元。

由于股东太多，我们觉得应该把事情做得规范一些，就在众筹前注册了一个文化传媒公司，并起了一个名字。因为 90% 都是女性微股东，所以决定叫 CC 美咖，第一个 C 代表跨界的意思，第二个 C 代表生涯。

2014 年 3 月 8 日光谷二店开业时，我们 50 个美女股东身穿抹胸长裙在光谷最繁华的街头照了张开业合影，没花一分钱，便上了新闻头条。

CC 美咖就这样不在计划中地开起来了！

从以上描述可以看出，CC 美咖的诞生有点无心插柳的感觉。对投资人的选择，没有制定标准，没有列出备选，给钱就要，交钱就能进，这就为后续的发展埋下了大大的隐患。”

我们接着看宋文艳的总结。

“2014 年 3 月 8 日当天，我作为创始人和发起人，就已经发现了问题，而且这注定了后面的败局。

这 50 位股东从早上 8：00 一直化妆到下午 1：00。

人多，女人多，每一个女人都想化得美一点，但她们并没有想过今天自己的角色是什么？是股东。

8 号的活动其实是一场开业促销，她们没有想清楚（也包括我，我当时意识到了，但晚了）今天做这件事是为了什么。下午我约了媒体记者来拍照，拍的过程还是蛮开心的。拍完，大家就都回店里换衣服了，光谷店里面乱乱的，但引来的客人很少，即使有客人，也多半是看热闹的。

大部分股东们都自己坐在那，开心地聊着天。她们的状态完全不像老板，当时的气氛也完全不像新店开业，倒像是一场 party。我自己创业 8 年，知道创业是什么，特别是初期的创业是什么，可另外的 49 个人，多数都没创过业。3 月 8 日当天，我的心情很沉重，所有人都没有看出来，我也没让大家看出来。但我深深觉得我做错了，我一个人领着这 49 位，一块开咖啡厅，这将是多么艰巨的任务呀。

因为光谷店是新店，没有知名度，客人很少，成本却高汉口店很多，所以 4、5 月份的时候，我第一次召开了股东会。那次只到了 30 多人，很多人说要上班，要带孩子来了不，我只好又召开了一次。原本只想召开一次股东会，让大家都来出些主意，规划一下今后如何经营。结果好多人不来开会，她们认为，我投了钱，等年底来分红就行了。可是她们并不清楚，开一家店容易，但后面的经营是何等艰难。

6、7 月份，成立了 CC 董事会，原以为有了董事会效率会高，但董事会这 9 个人来自不同的地方，价值观、沟通方式都不同，里面分了好几派。

比如，我在外企工作 12 年，喜欢直来直去，简单高效，但许多人是国企风格，当面不说，背后说，且对于通过了的决定拒不执行。一家小小的咖啡厅，决策效率极低。

有一些董事只说不做；有一些董事开会啥也不说，一派和气；还有一些董事，干脆就不来开会。这种沟通方式效率极低，我极其不喜欢。这点是我发起咖啡厅创业项目时没有考虑到的。”

我们从以上 CC 美咖创始人的反思中挑选了几句话，足以说明人对了，一切都是对的，人错了，一切都是错的。

“另外的49个人，多数都没创过业。”

“她们认为，我投了钱，等年底来分红就行了。”

“原以为有了董事会效率会高，但就是这9个人都出问题，里面分了好几派，这9个人来自不同的地方，价值观、沟通方式都不同。”

“有一些董事只爱说，不动手做；有一些董事开会啥也不说，一派和气；还有一些董事，干脆就不来开会。这种沟通风格我极其不喜欢，老国企的作风。”

要想做好众筹，必须克制贪念，必须禁得住诱惑，必须敢于拒绝送到手的钱，必须善于拒绝不适合的人。这个看起来是反人性的，是很残忍的，但是过不了这一关，就无法体会到众筹的乐趣。一旦跨越了这一关，就能享受众筹顺应人性的长期利好和加倍的乐趣。众筹对项目发起人的要求很高，分寸把握，进退平衡，需要长期修炼。

五、敲定人选

经过以上4个步骤的考验后，作为众筹项目发起人，你应该清楚地知道哪些人适合、哪些人不适合了。

下一步就是邀请这些人成为你的第一批股东，并完成签订协议、付款等环节。这时候，恭喜你，你终于拥有了自己的第一批股东和投资人，为自己项目的持续健康运营打下了坚实的基础。

六、分层推荐

众筹项目投资人，一般是分批进入的，比如第一批30人，第二批50人，第三批100人。

第一批投资人是基础，是最重要的一环，所需要付出的时间和精力也最多。当有了第一批投资人后，后面的投资人就可以采用推荐方式进入，由第一批投资人分别推荐，操作起来会轻松很多。

1. 制作投资人申请表

可以通过问卷网、问卷星等工具，制作一个投资人申请表，表格中主要包括以下内容：申请人基本信息，姓名、手机号、微信号、所在城市等；申请人专业信息，从事行业、公司、职位、资源等；最重要的一项是推荐人信息。

2. 鼓励第一批投资人推荐

一般来说，投资人都会很乐意帮着推荐其他投资人进入，因为优秀的人越多，资源对接越充分，每个人获得的回报也越多。也可以设置一些有吸引力的措施鼓励大家，比如发放小红包、给予荣誉称号等。

要第一时间在股东群内公布大家的推荐情况，让推荐者获得及时的精神和物质回报。

3. 审核

成立评审委员会，负责对申请人进行审核。

审核时要结合上面所说的三个标准，另外推荐人是谁至关重要。推荐人将成为被推荐人的信任背书，一个很牛的人推荐的人，一般也是很牛的，至少不会太差。

评审委员会可定期进行审核。可在线审核，条件具备的话线下见面审核最好。推荐采用一票否决制度，只要有一个委员觉得不合适，就否决掉，尽量扫除未来隐患。

评审委员会可采用上面所说的背景调查的方法，通过一起做事、探访他的朋友等方式，在开会审核前增加对候选人的认识和了解，便于做出决策。

通过明确标准、列出备选、开始链接、背景调查、敲定人选、分成推荐几个步骤，你一定可以找到适合自己项目的投资人和股东，你的众筹项目也至少成功了一半。

这个过程也许需要3个月、半年甚至更长，但这非常必要，绝对不可跳过。一旦因为怕麻烦而跳过，必然会给后面的项目运作带来莫大的危害。这个过程更是对人性的考验，因为人都是贪心的，面对主动找来要加入的人很难拒绝；人都是爱钱的，面对主动送上门的钱很难说"No"；人都是势利的，面对有钱人、掌权人很难继续坚持原则。不是所有项目都适合做众筹，更不是所有人都适合发起众筹项目，没有修炼，没有态度，没有底线，没有原则的坚守，这样的人根本承担不起众筹的重任。

以上步骤对于涉及股权众筹的项目尤其适用。如果是单纯的产品众筹，投资人仅仅需要付出几百元甚至更少，那么，以上步骤就可以简化很多了。

七、投资人如何选择合适的众筹项目

任何事情都是双向的，项目选择投资人，投资人也在选择项目。

作为投资人，如何识别好的众筹项目呢？如何最大限度地避免自己的钱打水漂呢？

风险投资的投资人一般是专业的投资经理、投资总监或合伙人，他们有丰富的投资经验和专业的投资知识，经手过的项目也很多。所以从理论上讲，他们能比较准确地识别出好项目和差项目，避免投资的失败。但即使如此，风险投资的失败率也相当高，据说失败率在90%以上。

专业人士尚且如此，我们这些没有专业背景和专业知识的普通人，面对的风险岂不是更大？事实却并非如此，众筹项目的投资和一般的天使投资项目有两点不同。

1. 众筹项目的回报机制和普通项目不同

众筹的本质是资源对接，参与投资一个众筹项目，可以获得多方面的回报，比如直接的经济回报，这个和风险投资是一样的。除此之外，任何一个众筹项目的投资人或股东群体，都会天然组成一个社群，本身就是一个平台，在这个平台上，一般都会通过创意碰撞和资源对接产生很多新的机会，并把机会落地成一个个好玩有趣的项目。

所以，如果你投资了一个普通项目，你的回报有且只有一种，就是这个项目本身的盈利。如果你投资了一个众筹项目，你的回报除了项目本身的盈利外，还有平台上其他衍生项目的盈利，以及资源对接带给自己的创业、工作、投资机会，还有人脉资源的红利。所以，普通项目是单一回报，众筹项目的回报是多元回报。

2. 众筹项目的参与群体和普通项目不同

普通项目的天使投资，一般是专业的投资人和投资机构，众筹项目的参与群体，一般是高净值人群。众筹项目的人数较多，往往是几十、上百个，而且包括各类人群，如发起人的朋友、同学、同事，产业链当中的内行、专家，以前积累的用户，甚至是专业投资人。

参与群体的多样性一定程度上保证了项目的质量。因为几十、上百个人一起评估一个项目的时候，看走眼的概率会小很多，而且这些人中很多是熟悉项目发起人的，了解他的品性，能够对其人品做出评估。人的因素重于项目本身，所以，对人的考察是投资初期最重要的环节，而这恰恰是绝大多数专业投资人做不到的。

那么，如何选择适合的众筹项目进行投资呢？

1. 看项目

是否符合四个关键词：痛点、高频、刚需、主航道。

痛点：产品或服务必须能满足用户的某种需求，击中用户的某个痛点，否则项目就没有任何价值。创业者容易犯的一个错误是，生活在自己的世界里，看不到问题的真相，脱离市场，脱离用户，闭门造车，不知道用户真正需要的是什么，这样的产品注定失败。

高频：婚纱和饭店哪个高频？肯定是饭店；理发和美甲哪个高频，

肯定是美甲。对于众筹项目来说，仅仅能满足用户需求是不够的，还必须满足高频的需求，因为众筹不是一次性消费。如果用户能够不断地重复购买你的产品或服务，才说明这是一个好的项目。

刚需：你的产品或服务必须是用户的刚性需求，而不是可有可无的奢侈品。刚性需求如衣食住行，奢侈品如珠宝、首饰、包包、游艇等。

主航道：从投资角度来看，要想获得超值回报，项目必须处于主航道，这样未来才有大的发展空间。所谓的主航道，就是符合未来发展趋势、符合国家导向的创业方向，正如轮船处于主航道才能顺利进入汪洋大海一样，项目处于主航道才能获得巨大的发展空间。

2. 看团队

项目发起人和发起团队，最好是你熟悉和了解的人。

（1）靠谱最重要

靠谱就是遵守承诺，说到做到。这个是做人的基本准则，对于项目带头人尤其如此。但是现实生活中，我们看到有太多的人属于忽悠型的，说起来满口高大上，做起来到处不落地。如果项目发起人是属于这种类型的，这样的项目坚决不能投资。

从这个角度来讲，众筹对于促进诚信社会风气的形成是非常有帮助的。如果一个人经常说话不算数，无法兑现承诺，他自然会被贴上忽悠、不靠谱的标签，以后当他想发起众筹项目的时候，周围的人是不会买账的。所以，为了自己以后能获得别人的买单，每个人都会更加重视自己的声誉，在平时的每一件事上说到做到，逐渐积累信誉。当每个人都视信誉为第一要务时，我们的社会自然也就迈进信誉社会了。

（2）他们是否全力投入此项目

项目发起人是否全力投入，对于项目成败非常关键。记住一句话，兼职创业不靠谱。

（3）他们是否是这个行业的专家

世界上赚钱的事，一般都是内行人赚外行人的钱，专家赚小白的钱，懂得多的人赚懂得少的人的钱。需要审视项目发起团队是否是这个行业的专家，是否有行业经验，是否有多年的积累。如果他们对这个行业完全陌生，只是凭借一腔热情去闯，成功概率是很小的。

3. 看资源

众筹的本质是资源对接，很多时候，加入一个众筹项目，并非主要看经济上的回报，而是看是否能获得更多资源。所以，需要审视此项目的投资人群体，看已经加入的其他投资人或将要加入的投资人，是否是你想要认识的人，是否有你想要的资源。

把握了以上几点，虽然不能保证100%的投资成功，但至少能规避一些风险，减少一些失误。

第七章
众筹的融资流程

- 产品众筹的发展脉络
- 产品众筹的融资流程
- 产品众筹的注意事项
- 股权众筹的监管要求
- 股权众筹的融资流程

经过项目路演、答疑解惑、线上交流和线下沙龙等环节，对于在规定时间内能够出资支持众筹项目的支持者，众筹项目发起人必须规定具体的签约入资流程。规定的时间不能太短，也不能太长。如果时间定得太短，支持者人数会比较少，起不到应有的效果；如果时间定得太长，先予支持者会心存疑虑，从而放弃众筹项目。

从项目发起到正式与投资人签订各种协议，从口头上的简单承诺到书面协议的签署，整个过程需要智慧和胸怀，更是一份沉甸甸的责任。在这个过程中，对于项目发起人来说，既怕项目不足以吸引眼球，缺乏支持者，又怕支持者太多，难以应对。

对于众筹项目发起人而言，众筹项目虽然需要钱，但是通过众筹找到有资源、靠谱、有行业影响力的人更为重要，所以，项目发起人如何与投资人合作、如何分配利益以及如何退出都需要考虑清楚并达成共识。

一、产品众筹的发展脉络

随着产品众筹的兴起，其玩法也花样百出。早期的“支持产品—创造产品—回报产品”的方式尽管仍然占领着大量版面，但已经略显疲态。一些众筹平台趁着众筹玩家们审美疲劳的间歇，创造了一系列全新的众筹机制，他们有着新颖的支持流程和回报方式，令众筹玩家们眼前一亮。这其中的典型代表即阿里推出的“娱乐宝”和百度金融推出的“百发有戏”。

娱乐宝最早于2014年3月26日由阿里巴巴数字娱乐事业群推出，其本质是名为投资连结险的保险投资产品。投资人只需出资100元就可以投资热门的影视作品，甚至是院线大片。娱乐宝给予投资人的回报除了7%的年化收益以外，还包括周边产品和娱乐权益，包括剧组探班、明星见面会、明星专属感谢视频、参与庆功晚宴，以及制片人权益章等。娱乐宝在2014年累计投资12部大电影，包括《小时代3》《狼图腾》和《露水红颜》等，其2014年的总投资额达到3.3亿多元，已成为全球最大的C2B电影投融资平台。

娱乐宝在形式上是对大众进行募资，用于满足电影创作者的融资需求，同时为电影上映造势，吸引大量粉丝关注。从这一点来看，娱乐宝符合“众筹”理念，业内也普遍认为其是穿着保险外衣的众筹产品。与之相似的还有百度金融推出的百发有戏、聚米金融以及2015年火爆一时的《大圣归来》众筹项目等。“娱乐宝们”不仅改变了众筹的产品模式，还创造了更接地气儿的、符合众筹玩家需求的回报方式，将消费和金融结合起来，让传统的众筹机制变得更加多元化、人性化。

产品众筹发展到今天，其众筹标的已不再局限于TMT行业的创意科技产品，诸如影视、音乐、出版物，甚至食品、服装等都可以成为众筹的对象。众筹标的的范围随着用户需求的增长也在不断扩大。其中，比较典型的案例包括农产品众筹平台大家种、艺术品众筹平台艺筹网、旅游众筹平台筹盘缠等。

农产品众筹平台大家种专注于农产品领域，其发布的项目包括绿色蔬菜、生态猪肉、有机杂粮、农场瓜果等，甚至还包括“农场主”“菜园主”等权益的众筹。农产品众筹的出现来源于人们对食品安全的需求，对生活品质的需求，以及对健康养生的需求。然而，传统意义上的“高级农产品”价格普遍偏高，普通人难以企及。通过众筹的方式可以改变这一状况，使得一般老百姓能够以较少的成本满足较高层次的需求，这是农产品众筹得以出现和发展的内在原因。

艺术品众筹平台艺筹网则专注于艺术品领域，其发布的项目包括书法作品、雕刻作品、国画作品、陶瓷作品等。同高级农产品类似，艺术品也产生于人们对高品质生活的需求。艺术品在普通人眼中，本是高高在上的精神文化副产品，众筹可以让这些飞在空中的艺术品落地，满足普通人对艺术的追求，对生活品质的要求。同时，艺术品众筹也为艺术家打开了其产出商业化的通路，为其扩大影响力和知名度，通过商业化变现后进行艺术再创造提供了有效的资源。

旅游众筹平台筹盘缠则是为发起人筹集差旅费，帮助旅者完成旅程并获得旅者的一些关于其旅途的回报。但仔细研究该平台发布的项目可以发现，这些项目大多与实体产品相关（电影作品、咖啡馆等），真正与旅途、盘缠相关的项目并不常见。实际上，筹集旅行资金是很有想象力的一种众筹方式，国外网站 Trevolta 就在这个领域首开先河。旅者在拿到资金后，开始自己的旅途并与众筹支持者分享旅途中的故事、见闻和感受。作为回报，旅者可以满足众筹支持者的要求，拍摄旅途电影、照片、短片等发送给支持者。

产品众筹是通过用户真金白银的投票支持，以最快的速度发现和发掘有潜力的产品项目，验证项目是否符合市场需求，大大降低项目失败的风险。同时，众筹平台本身就是一个天然的路演平台，帮助发起人获得第一批忠实粉丝。众筹后的数据结果，将为项目获得融资提供最强有力的说明，供投资人参考，帮助其做出决策。标准化的项目呈现和商业计划节省了风投的时间，他们不必亲自搜索特定的信息。众筹平台能帮助发起人了解如何准备及呈现自己的项目，从而吸引更多的投资人。另外，众筹平台还能提升信息分享、谈判及融资的速率。

二、产品众筹的融资流程

在众筹平台上进行产品众筹的一般操作流程如下：

1. 项目策划

(1) 确定众筹方案，拟定回报细则

最好能为投资人或赞助者提供有诱惑力的礼品或超值回报。为鼓励投资者，发起人常常会给他们一些甜头，这些甜头可以让投资者保持较高意愿和积极性。

(2) 包装产品，发掘优点，制作宣传资料

从项目的前期准备到后期的营销推广，期间最重要的环节就是项目包装。了解了需要上线的众筹平台的相关规则，设置了合理的筹资金额和合适的回报方案后，就需要对项目进行包装。最好让项目内容一目了然，能用过去的销售数据或市场调研数据佐证项目的前景。

2. 平台发布

(1) 选择合适的众筹平台

现在大大小小的众筹平台有300多家，要谨慎选择符合自己产品定位的众筹平台。比如京东众筹上面经常发布高科技产品，淘宝众筹平台关注人群体量大。数据显示，截至2015年5月31日，在全国奖励型众筹行业规模上，京东众筹筹资额占比高达58%，淘宝众筹以33%的占比紧随其后。平台活跃度方面，淘宝和京东高居前两位。淘宝众筹参与人活跃度最高，参与人数超过100万，京东众筹也高达80万。因为京东、淘宝众筹本身上线门槛很高，所以许多项目发起人都以这两个平台为上线目标，其中不乏有许多朋友耗费了大量的精力和时间却未能上线。

作为项目发起人，首先要对自己的产品有个很好的定位，一些垂直性众筹平台的众筹效果可能会比大平台的效果更好。因为那里的潜在用户更多，平台相关渠道更多，可以为产品带来大量曝光和流量，从而使筹资成功率大大提高。更重要的一点是，上线的门槛会比那些大平台要低。比如智能硬件类可以上点名时间，影视类可以上淘梦网，游戏类可以上摩点网，音乐类可以上5SING众筹，实体店铺可以上人人投。各领域专业性众筹平台可能会对你的项目有一个专业性的指导，他们更能

整合资源，突出优势。有些筹资效果相对大平台筹资会更好，有些可能筹资效果不太好，大家要学会甄别，选择适合你的众筹平台。另外淘宝众筹、京东众筹、苏宁众筹上线之后的筹资成功率是很高的。众筹网、苏宁众筹、青橘、追梦网这些平台也是比较大的，依托这类平台本身庞大的流量，效果也是很不错的。

（2）与众筹平台对接、发布

首先是了解所选平台发布规则，注意平台的规定，很多平台都有排他性，打电话、发 E-MAIL 按照规定修改方案，之后提交材料、等待材料审核都是非常重要的环节。在项目上线之前，尽量在线上线下进行项目预热，这些工作也可以和平台提供的第三方外包服务沟通对接。

在众筹平台搭建项目的时候，要做好宣传文案，尽可能利用文字、图片、音频、视频等多种形式的材料努力展现产品的优点，介绍项目的独特性、发起的原因和前景。项目上线之后也要多做推广宣传，在社交平台上也尽量多曝光，吸引网友对项目的关注。在无法触摸实品，实地考察的情况下，项目文案介绍和视频介绍就成了衡量这个项目的标准，在项目文案上应该多下一点功夫。商品的价格不是完全由其物理属性决定的，更多地取决于人们的心理因素。痛点被击中、故事加情怀、社会化传播以及有意思和有情感是传播的基础，能让你的产品变得更有温度、感情和感染力，而不只是一个冷冰冰的物品。

3. 后续管理

项目进程中要随时发布项目的进展情况，与支持者做好互动沟通。在承诺的规定时间内完成项目，准时发货。发货之后，随时关注产品反馈，做好反馈意见的处理和收集，对产品进行相应改进。

三、产品众筹的注意事项

首先，如果你想去发起一个众筹项目，一定要把你自己已经认可且非常满意的产品和服务拿出来。众筹一定是价值的流动，而不是风险的转移。你要发起一项众筹，要设计一个超值的回报给你的支持者，而不是去借用这种方式偷换一个概念去简单地做一件事情。一个众筹项目做不好，对你、对社会、对支持者的伤害，比你从富人那融点资、借点钱更大。

其次，一定要让你的支持者真正有参与感，而不是拿来钱就行了，很多人掏钱去参与众筹不一定要多少回报，只是想拥有一种参与感，希望有股东身份，在众筹产品设计中不一定表达看法。我们应该把参与众筹的大多数人都做成粉丝，苹果公司是把粉丝当作教徒来看，乔布斯一出来就是教主，而小米则把粉丝变成了参与者。未来还可以让你的粉丝成为你公司的参与者，只有众筹、众包才能众享，众筹的过程其实也是一次资源的众包，让很多有智慧、有能力、有资源的人来协助你创造一个项目，最后大家来分享这个利益。

对于产品众筹，我们需要考虑一些细节问题。

（1）所发起的项目都必须有筹资的最低额度以及明确的截止日期。如果在截止日期到来之时，筹资金额没有达到最低额度，项目就失败了，所有支持的款项将“原路退回”。尽管是抱着营销和测试市场的目的，但如果主要目标（之一）是筹钱，那就还是要好好考虑筹资失败所损失的机会成本。

（2）把你的项目放到网上，等于是给山寨党出主意。如果你的创意本来独一无二，那山寨党就会让你没饭吃，你最好还是放弃众筹的想法。尤其是相对于传统渠道的公关营销，在线上你需要放出更多信息量才足以吸引潜在投资人。所以对于比较独特的创意，不如考虑注册个临时性专利（短期有效、不受到实际审查的专利），然后再进行下一步计划。

（3）B2B 产品未必适合众筹。毕竟众筹所迎合的是基于个人信仰及个体利益所激发出来的热情与动力。参与者之所以出资，必定是相信这个创意很酷、有价值或是与自己的追求一致。所以，如果是一些面向企业去个性化的项目，众筹就不那么好使了。

（4）众筹平台或许是种子轮融资的不错选择，这时公司需要的资金一般不到10万美金。如果超过这个数，你应该更多考虑传统渠道的资金来源。不过，将众筹作为融资组合拳中的一招，倒是挺明智的举措。

（5）如果你的商业模式需要较长的研发周期来支持（几年，而不是几个月），那就不要考虑众筹了。要知道，为众筹买单的人多半是希望短期内就能看到回报的人。

第三，注意项目有可能涉及的法律风险。众筹属于互联网金融的一个分支，作为投资方式的一种，不同的众筹类型其风险也不同。如产品众筹，参与产品众筹时投资人投入的资金虽是小额但也可能会存在一定的风险。比如由于不可抗力因素引起的产品损坏或者产品消失等突发状况；预购一款新产品时过了交货期限，却迟迟不能交货；收到粗制滥造的众筹产品，或者是该产品与预期不符。众筹作为新型互联网金融模式其发展尚未成熟，投资人要具备一定的风险识别能力和承受能力。

（1）产品众筹过程中存在众筹产品种类细分不够、界限模糊的问题，从而导致发起人因为产品本身的问题无法获得足够资金支持造成项目失败，且可能有进一步违约的风险。由于现阶段我国的众筹平台对众筹产品不进行实质审核，造成大量特质、创新性不突出的产品混杂于整个众筹产品中，部分产品由于缺乏实用性、创新性以及普及性不能很好地在平台进行融资，从而导致项目失败。

（2）众筹产品质量良莠不齐，可能对投资人造成一定损失。现阶段，国内众筹平台产品无第三方机构对其质量进行检验，众筹过程中投资人也无法核实产品的实际质量，这就造成项目募资成功后投资人可能获得质量低下的产品，使得投资人遭受经济损失，从而也降低了平台的信誉度。

（3）项目成功后产品日后质量维修无法全部保证。由于众筹平台产品种类众多，投资人收到产品后无法获得后续质量、维修保障，从而使投资人陷入维权艰难的尴尬境地。有些发起人通过该模式仅愿意获得“一锤子买卖”，根本不关心产品的维修服务。除此之外，由于一些产品的独特性，造成其无法在市场上进行维修，从而造成投资人损失。

（4）发起人资质和实力无法保证。发起人在产品众筹的同时未将其资质及相关实力向投资人展现。特别是对一些创新型产品来说，由于投资人无法了解其实力，造成双方信息不对称，从而延误好项目的融资时机，造成项目失败。

（5）个别产品存在夸大宣传的问题，投资人获得相关产品或服务后才知名不符实，但后续追索维权又比较困难，从而对产品众筹的发展产生较大的负面影响。

（6）对发起人来说，存在过度融资的风险。对于某些产品来说，由于其生产制作并不需要太高的成本且无后续加大生产制作力度的打算，因而当已筹资金额超过发起人预期后，其剩余筹资款将被极大浪费。

（7）现阶段，部分众筹平台的筹资款的交付方式也存在一定的风险。国内部分平台将投资人的筹资款分为两部分，一部分先期付与发起人，剩余款项置于平台所合作的第三方支付平台内，待项目成功后再给予拨付。然而，先期资金可能由于项目失败而遭受损失，投资人虽可与发起人进行退款协商，但无相关监管机构及法律法规对发起人进行强制约束，从而可能造成投资人一定的资金损失。

四、股权众筹的监管要求

股权众筹是指公司出让一定比例的股份，面向普通投资者，投资者通过出资入股公司，获得未来收益，这种基于互联网渠道而进行融资的模式被称作股权众筹。归根结底，股权众筹融资是一种投资行为，也是众筹监管中最为严厉的一种众筹融资模式。

2015 年 7 月 18 日，经党中央、国务院同意，中国人民银行、工业和信息化部、证监会、银监会、保监会等十部委联合印发了《关于促进互联网金融健康发展的指导意见》（简称《指导意见》），标志着互联网金融从“野蛮生长”走向“规范发展”。

《指导意见》明确指出，互联网金融本质仍属于金融，没有改变金融风险隐蔽性、传染性、广泛性和突发性的特点。加强互联网金融监管，是促进互联网金融健康发展的内在要求。同时，互联网金融是新生事物和新兴业态，要制定适度宽松的监管政策，为互联网金融创新留有余地和空间。通过鼓励创新和加强监管相互支撑，促进互联网金融健康发展，更好地服务实体经济。互联网金融监管应遵循“依法监管、适度监管、分类监管、协同监管、创新监管”的原则，科学合理地界定各业态的业务边界及准入条件，落实监管责任，明确风险底线，保护合法经营，坚决打击违法和违规行为。

《指导意见》将股权众筹融资定义为通过互联网形式进行公开小额股权融资的活动。股权众筹融资必须通过股权众筹融资中介机构（互联网网站或其他类似的电子媒介）进行。股权众筹融资中介机构可以在符合法律法规规定的前提下，对业务模式进行创新探索，发挥股权众筹融资作为多层次资本市场有机组成部分的作用，更好地服务创新创业企业。股权众筹融资方应为小微企业，应通过股权众筹融资中介机构向投资人如实披露企业的商业模式、经营管理、财务、资金使用等关键信息，不得误导或欺诈投资者。投资者应当充分了解股权众筹融资活动风险，具备相应风险承受能力，进行小额投资。股权众筹融资业务由证监会负责监管。

五、股权众筹的融资流程

不同的股权众筹平台的融资流程不尽相同，通常来说，股权众筹的融资流程如下：项目筛选→项目发起人约谈→确定领投人→引进跟投人→签订投资框架协议→设立有限合伙企业→注册公司→签订正式投资协议→投后管理→出具出资证明书。

1. 项目筛选

股权众筹第一步是低成本、高效率地筛选优质项目。项目发起人需要将项目的基本信息、团队信息、商业计划书上传至股权众筹平台，由平台的投资团队对项目做出初步审核，并帮助其完善必要信息，提升商业计划书的质量。

2. 项目发起人约谈

天使投资的投资标的主要为初创型企业（主要集中在种子期和天使轮项目），企业的产品和服务研发正处于起步阶段，几乎没有市场收入，也缺乏有效的用户数据和订单。因此，传统的尽调方式并不适合天使投资项目，而决定投资与否的关键因素就是投资人与项目发起人之间的有效沟通。在调研过程中，创始团队成员的能力与素质是评估项目的重要标准之一，即使项目在早期阶段略有瑕疵，只要创始团队学习能力强、执行能力强、具有战略眼光和创业经验，投资人也可以考虑对其进行投资。

3. 确定领投人

优秀的领投人是天使合投能否成功的关键。领投人通常为职业投资人，在某个领域有丰富的投融资经验，具有独立的判断力、丰富的行业资源和影响力以及很强的风险承受能力，能够专业助力项目完善 BP、确定估值、完善投资条款和融资额，协助项目路演，完成本轮投融资。在整个股权众筹的过程中，由领投人领投项目，负责制定投资条款，并对项目进行投后管理、出席董事会以及处理后续退出事宜。通常情况下，领投人可以获得 5% ~20% 的利益分成，具体比例由项目发起人和领投人共同决定。

4. 引进跟投人

跟投人在股权众筹过程中同样扮演重要的角色。通常情况下，跟投人不参与公司的重大决策，也不进行投资管理。跟投人通过跟投项目，获取投资回报。同时，跟投人有全部的义务和责任对项目进行审核，领投人对跟投人的投资决定不负任何责任。

5. 签订投资框架协议

框架协议是投资人与创业企业就未来的投资合作交易所达成的原则性约定，除约定投资人对被投资企业的估值和计划投资金额外，还包括被投资企业应尽的主要义务和投资者要求得到的主要权利，以及投资交易达成的前提条件等内容。Term sheet 是在双方正式签订投资协议前，就重大事项签订的意向性协议，除了保密条款、不与第三人接触条款外，该协议本身并不对协议签署方产生全面约束力。

框架协议主要约定价格和控制两个方面，价格包括企业估值、出让股份比例等；控制条款包括董事会席位、公司治理等方面。近年来，Term sheet 有逐步简化的趋势，仅包含投资额、股权比例、董事会席位等关键条款，看上去一目了然，非常简单易懂。

6. 设立有限合伙企业

在合投的过程中，领投人与跟投人入股创业企业通常有两种方式：一是设立有限合伙企业，以基金的形式入股，其中领投人作为 GP，跟投人作为 LP；另一种则是以签订《股权代持协议》的形式入股，领投人负责代持并担任创业企业董事。

7. 注册公司

投资完成后，创业企业若已经注册公司，则直接增资；若没有注册公司，则要新注册公司并办理工商变更手续。

8. 签订正式投资协议

正式投资协议是天使投资过程中的核心交易文件，包含了 Term

sheet 中的主要条款。正式投资协议主要规定了投资人支付投资款的义务及其付款后获得的股东权利，并以此为基础规定了与投资人相对应的公司和创始人的权利义务。协议内的条款可以由投融资双方根据需要选择增减。

9. 投后管理

除资金以外，天使投资人利用自身的经验与资源为创业者提供投后管理服务可以帮助创业企业更快成长。另外，类似于云筹这样的股权众筹平台，也会在企业完成众筹后，为创业者和投资人设立投后管理的对接渠道。

投后管理服务包括发展战略及产品定位辅导、财务及法务辅导、帮助企业招聘人才、帮助企业拓展业务、帮助企业再融资等。

10. 出具《出资证明书》

在投资人所有资金到位，签署相关的投资协议、保密协议、股权协议（合伙协议）后，新成立的公司或有限合伙企业要为所有股东或合伙人出具正式的《出资证明书》，以载明出资人的出资时间、出资金额、占有股份等事项。

众筹法律文书

法律文书一：合伙企业协议

合伙企业协议

第一条　根据《民法通则》和《中华人民共和国合伙企业法》及《中华人民共和国合伙企业登记管理办法》的有关规定，经协商一致订立协议。

第二条　本企业为合伙企业，是根据协议自愿组成的共同经营体。合伙人愿意遵守国家有关的法律、法规、规章，依法纳税，守法经营。

第三条　企业的名称：________________________。

第四条　合伙人姓名：＿＿＿＿＿＿＿＿＿＿＿＿＿＿＿＿＿＿＿。

第五条　合伙人共出资＿＿＿＿万元。

第六条　本协议中的各项条款与法律、法规、规章不符的，以法律、法规、规章的规定为准。

第七条　企业经营场所：＿＿＿＿＿＿＿＿＿＿＿＿＿＿＿＿＿＿。

第八条　合伙目的＿＿＿＿＿＿＿＿＿＿＿＿＿＿＿＿＿＿＿＿＿。

第九条　经营范围（注：根据实际情况填写）：＿＿＿＿＿＿＿＿。

第十条　合伙人姓名及其住所

姓　名	住　所

第十一条　合伙人的出资方式、数额和缴付出资的期限

合伙人	出资方式	出资数额（万元）	出资权属证明	缴付出资期限	占出资总额比例

第十二条　利润分配和亏损分担办法

（1）企业的利润和亏损，由合伙人依照以下比例分配和分担。（合伙协议未约定利润分配和亏损分担比例的，由合伙人平均分配和分担）

（2）合伙企业存续期间，合伙人依据合伙协议的约定或者经全体合伙人决定，可以增加对合伙企业的出资，用于扩大经营规模或者弥补

亏损。

（3）企业年度的或者一定时期的利润分配或亏损分担的具体方案，由全体合伙人协商决定或者按照合伙协议约定的办法决定。

第十三条　合伙企业事务执行

（1）执行合伙企业事务的合伙人对外代表企业。委托合伙人________为执行合伙企业事务的合伙人，其他合伙人不再执行合伙企业事务。不参加执行事务的合伙人有权监督执行事务的合伙人，检查其执行合伙企业事务的情况，并依照约定向其他不参加执行事务的合伙人报告事务执行情况以及合伙企业的经营状况和财务状况，收益归全体合伙人，所产生的亏损或者民事责任，由全体合伙人承担。

（2）合伙协议约定或者经全体合伙人决定，合伙人分别执行合伙企业事务时，合伙人可以对其他合伙人执行的事务提出异议，暂停该事务的执行。如果发生争议由全体合伙人共同决定。被委托执行合伙企业事务的合伙人不按照合伙协议或者全体合伙人的决定执行事务的，其他合伙人可以决定撤销该委托。

第十四条　入伙、退伙

（1）新合伙人入伙时，经全体合伙人同意，并依法订立书面协议。订立书面协议时，原合伙人向新合伙人告知合伙企业的经营状况和财物状况。

（2）新合伙人与原合伙人享有同等权利，承担同等责任。新合伙人对入伙前合伙企业债务承担连带责任。

（3）协议约定合伙企业经营期限的，有下列情形之一时，合伙人可以退伙：

①合伙协议约定的退伙事由出现；

②经全体合伙人同意退伙；

③发生合伙人难以继续参加合伙企业的事由；

④其他合伙人严重违反合伙协议约定的义务。

协议未约定合伙企业经营期限的，合伙人在不给合伙企业事务执行造成不利影响的情况下，可以退伙，但应当提前30日通知其他合伙人。擅自退伙的，应当赔偿由此给其他合伙人造成的损失。

第十五条　解散与清算

（1）本企业发生了法律规定的解散事由，致使合伙企业无法存续、合伙协议终止，合伙人的合伙关系消灭。

（2）企业解散、经营资格终止，不得从事经营活动，只可从事一些与清算活动相关的活动。

（3）企业解散后，由清算人对企业的财产债权债务进行清理和结算，处理所有尚未了结的事务，还应当通知和公告债权人。

（4）清算人主要职责：

①清理企业财产，分别编制资产负债表和财产清单；

②处理与清算有关的合伙企业未了结的事务；

③清缴所欠税款；

④清理债权、债务；

⑤处理合伙企业清偿债务后的剩余财产；

⑥代表企业参与民事活动。

清算结束后，编制清算报告，经全体合伙人签字、盖章，在15日内向企业登记机关报送清算报告，办理企业注销登记。

第十六条　违约责任

（1）合伙人违反合伙协议的，依法承担违约责任；

（2）合伙人履行合伙协议发生争议，通过协商或者调解解决，合伙人不愿通过协商、调解解决或者协商、调解不成的，可以依据合伙协议中的仲裁条款或者事后达成的书面仲裁协议，向仲裁机构申请仲裁。当事人没有在合伙协议中订立仲裁条款，事后又没有达成书面仲裁协议的，可以向人民法院起诉。

全体合伙人签字：

年　月　日

法律文书二：股权代持协议

股权代持协议

甲方（委托人）：
公民身份号码：
邮箱：

乙方（受托人）：
公民身份号码：
邮箱：

甲乙双方秉承“平等自愿、诚实守信、协商一致、合作双赢”原则，就甲方委托乙方持股事宜达成协议如下，双方承诺共同恪守。

第一条　委托内容

甲方自愿委托乙方作为其对××有限公司（以下简称“公司”）及其所属品牌、所有项目人民币××万元整出资的名义持有人，甲方占有公司百分之×（×%）的原始股份（按签约当时，公司估值人民币××万元整计算）。如遇新的投资人进来，如A轮、B轮、C轮等融资，甲方承诺该股份同比例参与稀释，甲方委托乙方并代为行使相关股东权利，乙方自愿接受甲方委托并代为行使相关股东权利。

第二条　委托权限

甲方委托乙方代为行使的权利包括但不限于：

（1）由乙方以自己的名义将受托行使的代持股份在公司股东登记名册以及公司章程上具名；

（2）在公司登记机关登记；

（3）以股东身份参与相应活动；

（4）代为收取股息或红利；

（5）出席股东会并行使表决权；

（6）行使《公司法》《公司章程》授予股东的其他权利。

第三条　甲方的权利义务

（1）甲方作为代持股份的实际出资者，对公司享有实际的股东权利并有权获得相应的投资收益；乙方仅以自身名义代甲方持有该代持股份所形成的股东权益，而对该等出资所形成的投资权益不享有收益权或处置权。

（2）在委托持股期限内，甲方有权在条件具备时，将相关股东权益转移到自己或自己指定的任何第三人名下，届时涉及相关法律文件的签署，乙方应承诺予以支持与配合，不得拒绝、拖延或刁难。

（3）甲方作为代持股份的实际所有人，有权依据本协议对乙方不适当的受托行为进行监督与纠正，但甲方不能随意干预乙方的正常经营管理活动。

（4）甲方认为乙方不能诚实履行受托义务、乙方公司完成 B 轮融资或有一定的盈利能力或规模效益等情形，甲方有权依法解除对乙方的委托，并要求乙方、乙方公司其他股东按当时的公司估值优先回购代持的股份，或同意甲方在同等条件下将委托乙方代持的股份转让给第三人。

第四条　乙方的权利义务

（1）作为受托人，乙方有权以名义股东身份参与公司的经营管理或对公司的经营管理进行监督。

（2）未经甲方书面同意，乙方不得转委托第三人持有上述代持股份，或擅自放弃相关股东权益。

（3）乙方承诺将其未来收到的因代持股份所产生的任何全部投资收益（包括现金股息、红利或任何其他收益分配）及时转交给甲方。

（4）在甲方拟向公司之股东或股东以外的第三人转让代持股份时，乙方应对此提供必要的协助及便利。

（5）如果甲方婚姻状况发生变化（如结婚、离婚、丧偶等）或有重大疾病、意外事故，甲方应及时通知乙方，并不得以任何理由限制或剥夺乙方应当享有的股份或因代持股份所产生的任何全部投资收益。

第五条　委托持股费用

甲乙双方一致承诺，乙方受甲方之委托代持股份期间，不收取任何报酬。

第六条　委托持股期间

甲方委托乙方代持股份的期间自本协议生效开始，至乙方根据甲方指示将代持股份移交甲方或由乙方、乙方公司其他股东回购代持的股份或甲方指定的第三人同意代持股份或接受转让股份时止。

第七条　保密条款

甲乙双方对本协议履行过程中所接触或获知的对方的任何商业信息、技术信息和知识产权均负有保密义务，除非有明显的证据证明该等信息属于公知信息或者事先得到对方的书面授权。该等保密义务在本协议终止后仍然继续有效。任何一方因违反该等义务而给对方造成损失的，均应当将造成的相应损失赔偿给对方。

第八条　争议的解决

凡因履行本协议所发生的争议，甲乙双方应友好协商解决，协商不成的，任何一方应将争议提交________仲裁委员会仲裁，该仲裁结果对双方均具有法律约束力。

第九条　其他事项

（1）本协议一式三份，甲乙双方各持一份，乙方所在的公司留存一份，具有同等的法律效力。

（2）本协议自甲乙双方签署之日起生效。

（3）在履行本协议的过程中，经甲乙双方同意，可以对某些条款进行修改或另行签订新协议。

第十条　送达

甲乙双方约定，按照以下有效的联系方式进行通知，本协议规定应当采用书面通知的，应当采用书面的方式。若联系方式发生变更时，变更一方应及时通知对方，因通知不及时造成的损失，自行承担。

第十一条　联系方式

甲方的联系方式

邮寄地址：

邮编：　　　　　　　　　　电话：

电子邮箱：

乙方的联系方式

邮寄地址：

邮编：　　　　　　　　　　电话：

电子邮箱：

第十二条　协议的成立与生效

本协议自甲乙双方签署之日起成立并生效。

甲方（签章）：

年　　月　　日

乙方（签章）：

年　　月　　日

法律文书三：出资证明书

出资证明书

编号：2016××××

公司名称：

成立日期：

注册资本：

统一社会信用代码：

股东姓名：

出资金额：

出资日期：

公司盖章：

法定代表人：

核发日期：

说明：

1. 本《出资证明书》仅证明股东已缴纳出资、未经公司股东会决议，不得转让或做其他用途；如有遗失，应立即向公司申报注销，经公司董事会审核同意后予以补发。

2. 本《出资证明书》经公司全体股东签字并加盖公司印章后方有效，本《出资证明书》分为正本和副本，正本由股东持有，副本留公司存档。

第八章
众筹的社群运营

- 社群到底是什么
- 社群的力量
- 社群爆发的力量
- 社群对传统企业转型升级的重要意义
- 众筹项目的社群运营

社群也即社区，强调个体活跃度和个人意愿与整体的协作。社群经济是互联网时代的产物，可以打通品牌和用户的通路。社群是对自己现有资源的激活、市场需求的优化和客户痛点的挖掘。社群众筹是用众筹的思维和方法切入社群，挖掘社群资源，实现社群价值最大化。它是未来众筹的一个发展趋势，是未来商业系统的核心，是重塑商业文明的关键，是激活民间资本、对接闲置资源的有效途径，是中国难得一遇领跑世界的机会。

一、社群到底是什么

社群这个概念被炒得非常火，创业者创业、传统企业转型和升级无不提及社群，貌似社群成了灵丹妙药，可以解决他们面临的一切问题。我们认为，社群是品牌和用户之间的最短距离，是创业的最短路径，是企业能够弯道超车的机会。社群确实非常重要，是一个威力巨大的武器。可惜的是，虽然大家都在谈论社群，很多人都在做社群，但是社会上真正做得好的社群，寥寥无几，真正懂得社群的人，也并不多见，很多人对于社群的认识本身就是错误的，更别提如何进行社群运营了。

一般社会学家与地理学家所说的社群（community），广义而言是指在某些边界线、地区或领域内发生作用的一切社会关系。它可以指实际的地理区域或是在某区域内发生的社会关系，或指存在于较抽象的、思想上的关系。

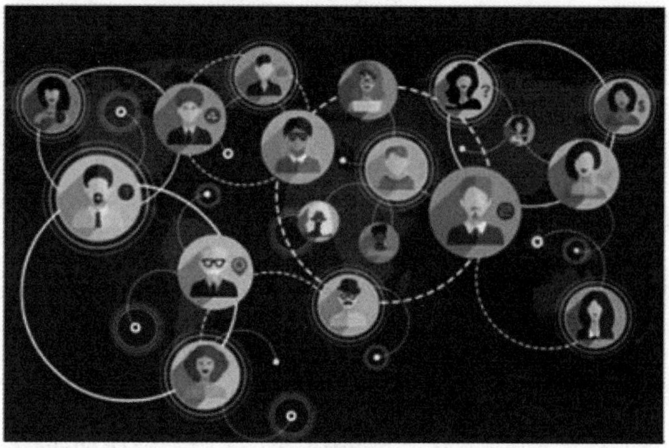

图8-1 社群关系示意图

一般而言，社群都涉及四个关键要素，包括：

1. 明确的群成员关系

2. 持续的网络互动

3. 一致的群体意识和规范

4. 一致的目标和行动能力

人们加入一个社群的过程往往是一个逐步演化的过程，人们会在其中扮演移动的角色，并基于这个角色与社群其他成员形成相对稳定的关系性质和关系结构，基于社群关系持续保持互动。美国数字营销专家 Nancy White 和 Elliot Volkman 将网络社群中的不同用户分为以下七类：

（1）社群的构建者。他们为网络社群设置目标，规划网络社群的未来发展和影响力。

（2）社群的管理者。他们监督管理整个社群部落。

（3）社群的付费用户。他们为社群的运转提供资金，为社群的发展添砖加瓦，他们同样也是反映社群建设的晴雨表。

（4）社群的核心参与者。他们较为频繁地访问社群，积极参与社群活动，他们是大多数为社群做出贡献的网民群体的代表。总之，社群的核心参与者是一个网络社群最重要的人群之一。

（5）社群的潜水者。他们比较安静，对于分享观点表现得较不积极，通常情况下，他们只看社群的内容却不去评论、不去表态，尽管如此，但他们却非常有可能被激活。

（6）社群的统治者。他们可以被称为社群的超级用户，他们具有影响力，拥有很大的话语权和众多的追随者。

（7）社群的联结者。他们积极活泼，擅长沟通交流，他们的特点是能够跨界参与到多个群组的讨论中，所以他们是社群的链接中心，能够将不同的社群联系到一起。

分析网络社群不同成员的角色功能是为了更好地了解社群的生存发展轨迹，也是为了针对不同的社群成员进行有差异的对待并进行社群运营。

通常情况来看，任何一个社群的发展都具有上述轨迹，没有哪一个社群会永远昌盛，永不死亡，其都具有一个生命周期，而要成功进行社群运营就要将关注点放在能够延长社群生命周期的机制、办法和举措上。

二、社群的力量

社群对当代人的工作、学习、生活来说到底有多重要？社群对创业者来说到底有多重要？社群对传统企业来说到底有多重要？对社群价值有清晰的厘定之后，我们就可以有的放矢地利用社群，并根据社群内在价值设计相应的商业变现模式。

1. 社群的价值

一般而言，社群可以带来以下几方面的价值：

（1）获得人脉价值。在社群中人们交流的节点会不断得到延伸，人们的人脉圈也会不断扩大。

（2）获得沟通价值。社群能够提供多对多的交流体验，社群活动就是线上的集体活动，这和线下活动类似。

（3）获得培训价值。微信群是最好的线上会议厅和教室，比如，现在可以在微信群里开讲座，效果很好。所以，在微信群里进行培训服务，群成员的满意度会很高。而这种将线下的培训搬到线上的方式，也较为便利，所以社群随时随地都能获取培训价值。

（4）获得信息价值。社群成员基本可以不通过其他渠道，在微信群或者朋友圈就可以看到各种信息和最新资讯。

（5）获得成交价值。线上也可以展开售卖活动，这相当于将线下的活动搬到了线上，将线下的交易延伸至线上。

对于上述社群价值的开发，就衍生出了“社群经济”的概念。关于社群经济到底是什么并没有权威的定义，大体而言可以将其描述为社群经济是互联网时代的产物，由于技术的发展，人与人之间的连接更加自由，一群具有共同价值理念、兴趣爱好的人更容易聚合在一起，另一方面，互联网改变了产品与消费者之间的关系，消费者越发开始关注产品的附加值，如文化、魅力、口碑等抽象、精神层次的东西，从而产生情感连接与信任，最后，这群志同道合的人一起互动、相互感染，巩固产品品牌。所以社群经济是指建立在产品与其粉丝群体之间的“情感信任 + 价值反哺”基础之上，并共同作用形成的一种能够自运转、自循环的范围经济系统。

三、社群爆发的力量

社群的力量有多大？我们看看下面几个案例。

首先是大名鼎鼎的罗辑思维。2013 年，罗振宇在微博上发起了一项会员和铁杆会员募集活动，前者需交会费 200 元，后者需交 1200 元，罗本人没有承诺任何回报，但 5500 个会员名额却在 6 个小时内宣告售罄。160 万元通过支付宝、银行等多个渠道汇入指定账号，甚至活动截止后还有人试图继续汇款，罗的团队不得不发微信劝阻。

2013 年 12 月 27 日，罗辑思维在名为“史上最无理的会员招募”的第二次社群招募中，一天便轻松募集 800 万元。

罗辑思维一般是利用微信进行传播，一个粉丝的朋友圈能有多少人看到？如果按 10 个人计算，那罗辑思维的覆盖面超过 5000 万人；如果按 20 个人计算，那覆盖面就超过 1 亿人。现在罗辑思维的估值为 13.2 亿元，其实这就是社群的价值。

罗辑思维是一个创业项目利用社群实现爆发的案例，我们再来看另一个案例——耿文彬围棋道场。它的前身是聂卫平围棋道场海淀分部，后来独立出来，用自己的品牌运作，目前已经做了五年多，开了两家分校，积累了上千位学习围棋的孩子及其家长资源。校长胡老师是位女性，对于围棋教育有丰富的经验和高度的热情，和其他老师一起为孩子们的围棋学习倾注了大量的精力，和家长们的互动也做得很好。2016 年 4 月，我们为它设计了一个众筹方案，每一个参与众筹的人交纳 3 万元，获得为期三年的围棋课程，包括周末班和寒暑假的集训，同时学校和家长签订升段协议，保证升到业余 2 段或在原有基础上升两个段位。同时还可以获得一定的经济回报，以及其他的增值课程，如书法课、魔方课等。胡老师先找了几位家长询问他们对于该众筹项目的意见，大家都非常欢迎，并有参与的意愿。之后该项目信息在家长群体中扩散，短短三天就有几十位家长报名。

图 8-2 耿文彬围棋道场围棋课

通过家长社群的引爆，迅速实现了资金和资源的聚集，对原有运营模式进行了升级，改变了过去招生难、服务繁的状态，家长们也通过资源对接和碰撞，陆续开发出新的项目，创造了更多创业和就业机会。耿文彬围棋道场是一个传统企业利用社群爆发的案例。目前，广大传统企业经营困难重重，成本越来越高，工人越来越难找，竞争越来越激烈，价格越来越低，转型和升级迫在眉睫，众多社群成功经营的案例也许能给传统企业提供改革的思路。

目前，所有互联网企业都在研究如何利用用户来实现收入，也许罗辑思维趟出了一条新路。小米靠粉丝营销把自己做成了一个估值450亿美元的公司，而罗辑思维也靠罗振宇的一张嘴使得其估值超过一亿元，这都些都证明了社群的价值。所以，对于拥有众多粉丝而言，更有价值的是拥有一个社群，一旦成为这个社群的领袖，也许很多商业逻辑就会轻松起来。

四、社群对传统企业转型升级的重要意义

从销售方面分析，有一个用户购买终极公式：

购买＝需求＋信任＋感情

需求是购买的前提和基础，高明如苹果公司之类的卖家还可以引导需求。需求有了，卖家一大片，那到底买谁的呢？就要看信任，没有信任，就没有成交。往往我们信任的不止一家，比如超市有沃尔玛，还有家乐福，网上商城有京东还有天猫，吃烤鸭有全聚德还有金百万，都是大品牌老字号，值得信任，这时就要拼感情了。我喜欢京东，那就会无视天猫的种类丰富甚至价格实惠，我喜欢全聚德，就会无视金百万的停车方便……

作为一名创业者或传统企业老板，如何能够快速和用户之间建立信任和感情呢？针对前面所说的问题，传统企业的出路在哪里呢？我们认为，出路就是成为社会化企业。

何谓社会化企业？按照网上定义是这样的：企业完美地将社交网络当作内部组织结构的外部应用延展，通过战略部署与技术支持在社会化网络中计划、组织、实施并优化多重商业目标，始终让自身企业组织架构与社交网络保持良好节奏，借助社会化网络不断完善和优化企业核心竞争力。

这个定义描绘出了社会化企业的部分场景，但是并没有体现出其本质。社会化企业其实就是打破企业的边界，把产业链上下游特别是用户卷入到企业的需求、设计、生产、制造、销售等各个环节，真正实现企业和用户一体化，变外部交易为内部合作，打通企业和用户的通道。

社会化企业应该具有的5大特征

（1）将自身的商业目标与社会化平台紧密结合，拥有员工社交网络并内外部同步协作。

（2）拥有支持实现商业目标的社会化资源和技术支持。

（3）懂得如何评估商业目标的实现，并拥有适合自己的评估指标和里程碑标准。

（4）拥有社会化用户数据库并可以描述用户行为与品牌关系。

（5）懂得如何从社交网络中获取企业发展所必需的资源并让社交网络驱动自身发展。

成为社会化企业需要一场覆盖整个企业，并改变企业行为方式的根本性的文化变革，成为一个社会化企业，必须真诚地倾听用户的声音，并授权它的员工与用户展开开放的对话。

如果你让你的用户在电话那头等30分钟，你就还不是一个社会化企业。因为，如果你这样做了，你传达给用户的信息就是“我们不想和你说话”。

如果你发给用户的邮件标注着“不要回复”，你就还不是一个社会化企业。因为，你在告诉你的用户“不要试图对我们说话，我们不在乎，你的邮件根本不起作用。”

如果在你的网站上找不到你的联络方式，如果你并不鼓励你的用户联系你，你就还不是一个社会化企业。

如果你还没有一个正式地用户反馈流程，给你的产品和服务部门真正了解你的用户想要什么的机会，那你就还不是一个社会化企业。

如果你的市场部员工每周都不花一定时间与用户互动，你就还不是一个社会化企业。

如果你没有授权一线员工去帮助用户，并与用户有诚实的对话，你就还不是一个社会化企业。

如果你仍然在用不一样的语言和用户说话，你就还不是一个社会化企业。你不能用咨询顾问式的语言、公司式的语言，或营销式的语言与用户沟通，要把用户当作平等的人看待，跟用户沟通时要做到就像两个自然人在说话。

如果你的员工每天都和用户沟通，你的员工和用户称兄道弟，不仅仅了解用户的私人生活，而且对他们非常关心，每一个员工都了解用户想要什么，他们与用户的关系远远超过了交易的关系，那么，这就像一个社会化企业了。

如何成为社会化企业

首先，必须找到你的用户。用户是个人，每个人都分布在不同的社群中，所以企业社会化的关键，就是社群。社群是聚集资源的最佳阵地，社群是接触和获取用户的最佳途径，社群是和用户建立关系的最佳场所。

基于这个思路，我们发起了中国社群生态联盟，致力于帮助传统企业社会化，一个关键举措就是创建“社群 + 企业大学”的模式。我们设置了系列课程，包括“互联网 +”、社群运营、社群众筹、社群品牌打造、社群营销等，和传统企业一起吸纳本企业产业链上下游的人、社群领袖、想要做社群的人、创业者、用户等一起来学习和践行，打通传统企业和上下游企业以及用户之间的通道，帮助企业把自己的品牌、文化传输出去，把用户的想法、需求融入企业产品和服务中，真正实现从用户中来、到用户中去，帮助企业社会化。

我们相信，每个社会化企业都是一个微观的供给侧改革，当中国有了一批社会化企业后，可以极大地改善当前供需不平衡的现状，极大地减少无效生产和企业库存，极大地满足用户的真正需求，实现整个市场的供需平衡，提高人民的生活水平，提高企业的竞争力，帮助中国企业实现弯道超车。

所以，社群是打通品牌和用户的最短路径，是传统企业转型升级的利器，是创业启动的最佳选择。

社群的现状

社群无疑是当下最火爆的字眼之一，各种俱乐部、协会、圈子、商会、校友会、老乡会都把自己称为社群，网络上的 qq 群、微信群更是多如牛毛。

但是，这些所谓的社群，究竟算不算社群呢？为什么我们数来数去，真正能拿出来讲的还是罗辑思维、吴晓波频道、正和岛等少数几个呢？

每个人都存在于不止一个社群中，包括线上的 qq 群、微信群，线下的校友会、同乡会、俱乐部、商会、智库等。社群的发展一般都经历这样一个生命周期：成立时大家热情高涨，各种活动、各种聚会频繁，恨不得把群当作自己的家，把群友当作兄弟姐妹；但当热情褪去后，一切恢复平静，群也很快沦为僵尸群，有些甚至沦为广告群。

现在很多人有这样的习惯，线下做场活动，一定会建群把大家拉到一起，美其名曰建立社群，但多数人都是生了孩子不知道养，群是建起来了，后来很快就销声匿迹了，没有规则、没有内容、没有互动，直接成为死群。当然，群并不是越活跃越好，而是该活跃的时候活跃，该沉默的时候沉默，如果一个群整天叽叽喳喳的，也会不堪其扰。现在的问题是，真正有价值的社群太少，这样下去，未来一定会掀起一股大规模的退群潮。

不止微信群，线下的社群也是如此，比如成都个私企业服务协会，旗下有几万本地企业家，群体不可谓不庞大，但是活跃度不够，会长和秘书长自己忙得一塌糊涂，其他人静默旁观，这个绝非个案，大多数商会、协会都处于这种状态。这里面其实有大量的优质资源，但是被闲置浪费，非常可惜。我们现在大力推广社群众筹，就是基于社群基础做众筹，用众筹的思路和方法切入社群，帮助社群资源转化和变现，实现社群资源价值最大化。《社群众筹》一书中有具体的思路、方法和流程介绍。

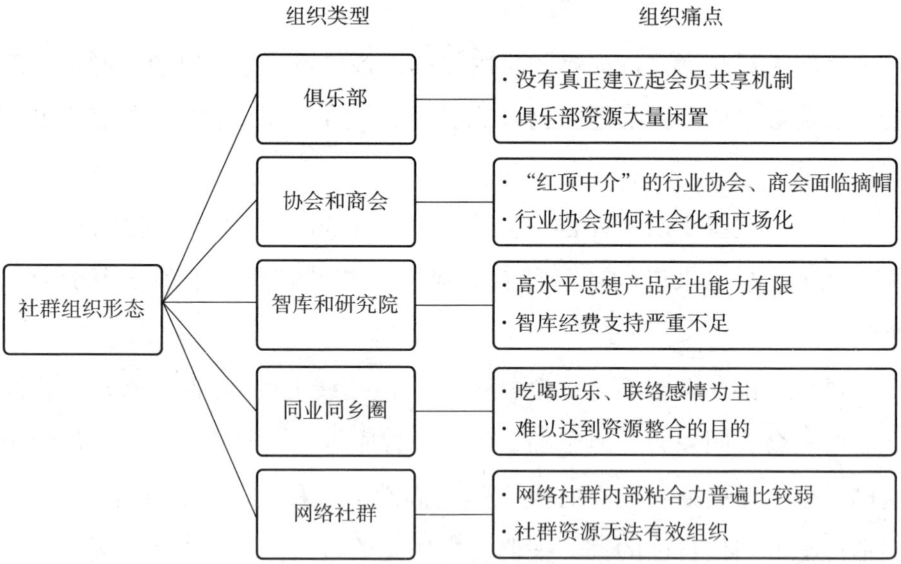

图 8-3　社群的现状

社群经常出现的问题

（1）发起者仅靠一时冲动去做社群，缺乏持续性。

（2）发起者功利心过重，建立社群的目的是为自己谋利。尽管很多人嘴上说是为大家服务，但是内心想的和做的与自己所说不一致。

（3）发起者过于以自我为中心，试图以“老大”（线下）或“群主”（线上）的身份去建立链接，强调自身的权威性，打压自认为“抢风头”的人。

（4）不懂付出、不会付出，试图以“平台”这个单一概念聚拢人气。

（5）活动质量低，以吃饭、喝酒、吹牛为主，没有价值的释放。

（6）鱼龙混杂，人员不具备共同属性。

（7）没有门槛，缺少规则。

前面我们说了社群应该具备的四个要素，用这四个要素去衡量你会发现，自己所处的社群，周围的社群，能符合全部四个条件的基本没有，能符合两个以上条件的，就已经很不错了。

所以，社群的运营不是那么简单的，不是拉一些人到一起就能成为一个社群。光有房子不是家，因为还需要人，光有人不是幸福的家庭，因为还需要理解、宽容和爱。

要想做好社群，必须明确三要素：内容、流动、规则。

1. 内容

一个社群必须有其共同属性，社群中的人必须是通过某个共同点吸引到一起的，比如摄影社群，肯定是通过摄影这个点吸引了一批摄友；创业社群，肯定是通过创业这个点吸引了一批创业者；汽车社群，一定是通过汽车这个点吸引了一批车友……

有了共同点，就会有共同感兴趣的东西，从而产生系列化的内容，比如摄影社群中，就会有关于摄影设备的讨论和购买、摄影地点的交流、摄影技巧的互助学习、摄影活动的举办等与摄影相关的东西。这样就形成了社群的内容，从而保证一个社群可以有血有肉。

2. 流动

流动就是我们通常说的链接。没有链接，社群中的人还是一个个孤独的个体，根本称不上社群。如果这也算社群的话，我可以说自己拥有世界上最大的社群，叫作“全球活人联盟”。

链接就是社群中的人和人之间发生关系。社群的运营要靠链接，而链接要靠流动，信息的流动、资源的流动、金钱的流动。通过流动，让人和人互动起来，信任关系建立起来，从而构成社群长远发展的基础。

3. 规则

水流容易泛滥成灾，社群内部的信息、资源和金钱的流动如果不做引导的话，也容易出现问题，所以要有规则。通过良好的规则，促成人和人之间的良性沟通和互动，不让雷锋吃亏，让付出多的人得到更多，形成人人乐于奉献的氛围，这样的社群，潜力无穷。

总结一下，有内容、有链接、有规则，是社群良性发展的必要条件。

五、众筹项目的社群运营

一个众筹项目的投资者或股东群体就是一个社群。这样的社群该如何运营呢？

1. 如何建立一个社群

（1）确定目标

作为发起人，你首先需要想清楚，建立社群的目标是什么。当你不知道方向的时候，往哪里走都是错误的。社群目标非常多，可以是为了学习，为了工作，为了创业，为了恋爱，为了兴趣……但是核心目标只有一个。

比如碳9社群，搭建的是创业者的深度学习社群，创始人冯新老师希望通过学习找到优秀创业者和优秀项目，从而实现投资的目的，相当于换了一个马甲做投资。

（2）圈定人群

目标确定后，下一步就是圈定合适的人群，这些人应该是对这个目标感兴趣的。一个社群中的人应该具备某种共同属性，这个属性可以是爱好、身份、职业、共同经历，甚至是对某一事件的关注。

确定人选后，通过线上线下等方式扩散社群信息，吸引这些人加入进来。设置一个审核机制，防止不适合的人进来。记住，社群不在于有多少人，而在于有多少有价值的人，质量永远胜于数量。

比如《社群众筹》书友会社群，圈定的人群都是对社群众筹感兴趣的，都是希望通过社群和众筹的方式运作自己的项目的创业者和企业家。同时，还有一个书友会 VIP 社群，只有参与了图书众筹、购买了图书的人才可以加入，一定程度上保证了社群人员的纯粹性。

（3）设置社群架构和规则

一个好的社群，需要明确的群成员关系和一致的行为规范，也就是社群架构和社群规则。没有规矩不成方圆，但是需要注意，社群不等于粉丝群，作为发起人，千万不要把社群当作自己的私人工具，不要把自己当作老大，不要把规则作为维护自己权威的工具，社群要去中心化，设定的规则要能促进社群中人和人的链接，而不仅是人和群主之间的链接。

以下是几个社群的群规，供大家参考。

自强学堂群规

（1）禁止私自拉朋友入群，加入自强学堂请@ 秘书长、@ 堂主或@ 群主；

（2）群内禁止发送任何广告（软广告、硬广告）；

（3）群内禁止讨论一切政治敏感话题；

（4）群内禁止发布任何未经证实的消息；

（5）群内禁止散播谣言；

（6）群内学员如需组织活动，请通过秘书长、堂主或各群群主审核、统一发起；

（7）自强学堂任何群内学友都不得以自强学堂名义收取任何费用。

懒人村群规

（1）不带陌生人入村（不私自拉人）；

（2）爱护环境、不贴牛皮癣（不发广告图、链接、刷屏）；

（3）以懒人村村民为傲、村民证随身带（发到朋友圈）；

（4）懒人村是一家，宣传靠大家（分享懒人村重大公告到朋友圈）；

（5）修改群昵称（姓名＋村民证号＋地区）（不可携带广告）；

（6）为民谋福有诚意（发红包均值不低于0.5元/个）；

（7）不打架斗殴（村民之间要相亲相爱）；

（8）禁止谈论政治、宗教、敏感话题；

（9）早睡早起身体好（晚22：30—早7：00禁言）；

（10）违规2次警告无效，清村处理（村民证作废）。

移动互联网大牛村

（1）拒绝“替身”，即使是苍老师也得验身；

（2）入群村民须在大牛村公众号里提交个人资料，包括社会职务、在职单位、主营业务、个人资源、个人信息等。对了，自愿哈，一切以人性为本；

（3）大牛村村民不待见的十二样东西有课程、硬广、活动、商品宣传、扯淡、问候、鸡汤、马屁、二维码、大照片、公众平台、投票；

（4）拉的是人是鬼，还是皮条，大牛村不确定，所以把你的朋友先介绍给村助理；

（5）在大牛村，国事、房事、赌毒事，事事不关心；家业、商业、思想业，夜夜来交流；

（6）大牛村最忌讳的东西有未经证实的求助、慈善、活动，以及“不转不是中国人”“诅咒”“算命”“心灵鸡汤”“内嵌广告”等三俗内容；

（7）大牛村村民都是文明人，互动而不互相攻击，启迪而不彼此诋毁。另外，别对外泄漏群内群友个人信息，一旦查到，五牛分尸，好吓人的。

2. 如何运营一个社群

社群建立后，面临的就是如何运营的问题。建立一个社群是很简单的，运营好一个社群则是非常困难的。

社群运营有三个关键点：

第一，做有态度的内容，聚集人气与共鸣；

第二，做圈层化互动，让社群产生大规模的互动，可以帮助从业者或创业者的价值得到良性反馈；

第三，从共享中互利，每个人在社群中都是一个获利者，同时也是一个贡献者。通过共享和互利，让这个社群变得更加壮大和长久。

社群必须具备的“四感”

（1）神秘感。从零开始的小社群具有核心价值观，不轻易拉人，精准地选择目标群友。

（2）仪式感。进入社群要有一个仪式，精神上的或现实中的，这是精神价值的表存体现。

（3）集体荣誉感。社群要积极发动线上活动，鼓励群友参与活动交流，增强促进作用。

（4）参与感。不断举办线下活动，让大家带着问题和目的进行深度交流，不必在乎人数，而是关注深度。

好社群的四个标准

（1）群规明确。一个好的精品群，建立之初就必须要明确群规准则；

（2）主题鲜明。例如新媒体、篮球运动、创业、亲子母婴等主题群；

（3）人群精准。社群想要主题明确，人群定位就要精准，并且人与人最好都熟悉；

（4）定期组织线上线下活动。维护发展一个群最好的方式就是互动，线下活动更能促进群关系发展。

拿“闺蜜圈”来举例，他们的粉丝有20万+，七八个人在维护，维护这么大量级的粉丝社群，靠的就是线下活动。先期做的都是大型活动，之后分散成多个线下小型深度聚会沙龙，这里强调的就是深度。你举办的社群线下活动不一定要规模很大，也不在于参与人数的多少，而是你的线下活动是否够深入。一次主题线下活动，确实解决了问题或者达到了预期目的及意义，并有深层次的影响，这就是成功的线下活动。

高效的运营一个社群就要增强互动性，策划高质量的活动，并搭建格局统一、框架完善的管理团队，让每个人都有参与感。要制定一个长期有效的社群发展规划以及完善的群规，保持开放利他的心态，搭建平台、整合资源、优势推广，利用好粉丝经济，学会去中心化打造社群领袖，并始终传达社群的核心价值观。

3. 众筹项目的社群运营

众筹是社群的入口，同一个项目的投资人或股东本身就是一个社群，通过众筹模式，形成一个利益链条，把投资人链接到一起，他们之间具有很紧密的关系。相比其他社群，你的社群要具备良好的基础和较强的链接和粘性。同样，也需要好好维护，用心运营，使投资人之间充分认识和了解，进行资源对接，发生各种关系，成为真正的强链接、强关系，这样才能发挥更大的价值，吸引更多投资人加入众筹项目。

前面讲了好社群需要具备的四个标准：群规明确、主题鲜明、人群精准、定期组织线上线下活动。对于股东社群来说，已经天然满足了前面三个标准，即使没有群规，也不会有人随便在里面发广告，因为这里的人群很纯粹，建群目的也很明确。所以要运营好股东社群，最重要的就是做好第四个标准——重视活动。

图 8－4　一八九八咖啡馆

图 8－5　小菊咖啡效果图

要想做好股东社群，活动是命脉。由杨勇发起众筹的北大 1898 咖啡馆，有股东值班制度，有各种项目路演、投资对接活动，一年做了上百场活动，产生了很多项目对接。

在小菊咖啡的股东社群中，也设计了各种活动，比如每周一次的股东资源对接交流会，让股东报名，管理团队挑选 3 人担任本周的主角，每周六晚上在小菊咖啡进行路演，介绍自己的情况，展示资源，同时抛出自己的需求和问题，台下的其他股东进行资源对接。另外，还有股东值班日、管理团队和股东交流会以及其他股东自发组织的人才 IPO 沙龙等活动。目前，每天有 3 ~ 9 场活动，周末尤其多。通过这些活动，增进了股东之间的了解和认识，加深了感情和信任，为后续深入合作打下了良好的基础。

即便如此，小菊股东的潜力也只发挥了 20% 左右，还有大量的事情可做，大量的资源可挖，这个必须由专业人士来运作，小菊社群已经有了社群和社群运营团队，运营官，专门来经营小菊股东社群。

小菊鼓励股东们自由组合，创业创新，进行资源整合和对接，已经有股东合作开展了新项目，比如小菊红酒、小菊进口、HR 精英特训营等，并且有小菊红娘、小菊猎头、小菊基金、小菊商学院等项目陆续启动，小菊股东内部的裂变式创业已经初现端倪。每个项目都是一个新的链条，进一步把股东们粘在一起。

社群的活跃度不重要，粘性才重要，活跃度高不代表粘性强，粘性的强弱在于帮助群成员解决问题的能力；整天闹哄哄的群，不是优质群，一直静默的群，更不是优质群。没事的时候，大家各忙各的，遇到问题时抛出来，很快有人帮助你解决，这才是社群的最佳状态。一个运营良好的股东群，是完全可以做到这一点的。

最后需要提醒的是，社群运营不是一件简单的事情，不可能一蹴而就。需要时间、耐心和积累。急功近利，不能忍受寂寞，不能持续付出，是无法做好社群的。

第九章

众筹的品牌输出

- 中国企业的品牌现状
- 利用众筹项目打造品牌的优势
- 如何利用众筹项目打造品牌
- 模式复制扩张
- 用社群品牌实现品牌联动

一、中国企业的品牌现状

据统计，2015 年中国每小时平均新增企业 500 家，每天增加 12000 家，同时，中国民营企业的平均寿命为 2.9 年，与之相对应的是，日本的企业平均寿命为 12.5 年，美国的企业平均寿命为 40 年。

造成这种差距的原因有成本上升、需求下降、竞争激烈等，但还有一个更重要的原因，就是品牌。

根据联合国发展计划署统计，国际知名品牌在全球品牌中所占的比例不到3%，但市场占有率却高达40%，销售额超过50%。而与此相对应的是，目前参与国际市场的中国企业中，拥有自主品牌的不到20%，自主品牌出口额在全国出口总额中的比重不足10%。

品牌作为市场的代名词，是一座取之不尽用之不竭的富矿。在今天这场没有硝烟的世界商战中，拥有多少名牌已经成为衡量一个国家经济实力强弱的重要标志之一。然而，中国目前还是名副其实的“制造大国，品牌小国”，根据知名品牌咨询机构 Interbrand 发布的 2015 全球 100 个最有价值品牌排行榜（Interbrand’s Best Global Brands 2015）可知，苹果公司和谷歌公司连续三年分别占据该排行榜的前两位。苹果的品牌价值为 1702.76 亿美元，同比增长 43%，谷歌的品牌价值为 1203.14 亿美元，同比增长 12%，可口可乐的品牌价值下降 4%，但仍维持在第三的位置。进入该榜单前十的品牌还有微软、IBM、丰田汽车、三星电子、通用电气、麦当劳和亚马逊。有两家中国企业上榜，分别是华为第 88 位和联想第 100 位。

中国品牌同世界品牌的差距到底在哪里？品牌专家杨兴国先生总结出了六大差距。

第一，品牌意识淡薄，短视现象严重。赛迪顾问调查数据显示，中国企业品牌贡献率只有 22%，大大低于国际企业 87% 的平均水平，价格成为中国企业最主要的动力指标。这一数据反映了中国企业品牌力不足的处境。

中国企业最大的敌人不是竞争对手，而是企业自身贪图眼前利益的短视。

第二，过度迷信广告，追求品牌知名度却忽视美誉度、忠诚度。许多企业把广告作为品牌成长的催化剂，然而单纯的广告往往只能提高品牌的知名度，许多企业在利用广告轰炸追求品牌知名度的同时，却忽视了企业应尽的责任，忽视了品牌对消费者承诺的兑现。有的企业急功近利，投机行为十分严重，还有的甚至不惜杀鸡取卵，做出欺骗消费者的事。

第三，缺乏对于品牌的战略管理。“战术的巨人，战略的矮子”，可以说是许多本土企业品牌建设的真实写照。

尽管一些企业管理者言必谈品牌建设的重要性，但对品牌战略管理依然还比较陌生，甚至不具有品牌战略管理的基本知识。有的企业把打造品牌等同于拍个好广告，设计一套具有国际感、时代感的 CI 手册；有的把做品牌理解为创名牌，投入巨额资金进行广告轰炸。

缺乏品牌战略管理，使本土品牌建设缺少一个整体运作的长远思路，战术上可能新招迭出，但散乱无章，形不成合力，谈不上品牌增值。

第四，品牌缺乏创新精神。与时俱进地不断创新，是品牌永葆青春活力的秘诀。

第五，品牌缺乏文化内涵。品牌一般是技术，也可能是文化。如果一个品牌成为某种文化的象征或者形成某种生活习惯的时候，它的传播力、影响力和销售力是惊人的。

国际品牌都非常注重品牌文化内涵的挖掘和培养，可口可乐之所以能渗透全球，长久不衰，就是因为它把美国人的精神和生活方式融入了品牌文化中，把品牌文化变成了人们生活的一部分。

中国许多品牌虽然有很高的知名度，但品牌文化内涵匮乏，更谈不上成为某种文化的象征。以服装品牌为例，中国品牌为什么不能像法国、意大利等国的品牌那样领导服装潮流，就是因为品牌缺乏文化内涵。

第六，品牌保护意识淡薄。品牌保护意识淡薄，是我国缺乏国际知名品牌的又一重要原因。

国外企业视品牌如同企业的生命，而在我国却有近 5 万多个商标因为没能及时续展而失去注册商标专用权。我国许多著名品牌在境外注册商标比率相当低，有关资料显示，在调查的五个国家（地区）中，我国 50 个最著名的品牌商标未注册的比率高达 53.2%。据不完全统计，我国企业在海外申请注册商标时，有近 15% 遇到了被抢注的尴尬局面，“明明是自己养大的孩子，却要跟着别人姓”。五粮液、红星、酒鬼、杜康、浏阳河等白酒品牌都曾被外国企业抢注过。

2005 年 3 月，包括海信在内的十多个商标被西门子公司在欧洲抢注，最终海信不得不花费数百万欧元赎回海信商标。

中国品牌的差距还表现在许多方面，诸如缺乏品牌危机管理经验，忽视市场调研，直接拿市场做实验，品牌管理机构设置不健全，品牌管理人才匮乏等。种种差距导致中国品牌竞争力较弱，许多企业只能依靠价格战博得生存空间，更无缘国际市场同国际品牌一争高低。

二、利用众筹项目打造品牌的优势

对于众筹项目来说，筹钱容易、筹人难，开业容易、持续运营难，开一家店容易、做连锁难，做连锁容易、打造品牌难。

能否借助众筹的力量，迅速打造自己的品牌呢？能否通过众筹，扭转中国企业在品牌上的劣势呢？

这是完全可以的。说到底，品牌就是你的产品或服务在用户头脑中的感觉。众筹的本质是筹人，就是实现生产者、消费者和推广者三位一体，用户就是你，你就是用户，你的产品和服务在用户头脑中的感觉，就是你自己的感觉。

利用众筹项目做品牌，具有一般项目所不具备的优势。

1. 具备天然的社群基础

社群是聚集资源的最佳场所，股东群体是最好的社群资源。一个品牌要想打出去，需要大量的推广宣传。以前的宣传途径更多的是电视、广播、报纸、网络，通过狂轰滥炸，填满大家的耳朵和眼睛，比如每天都能听到的“今年过节不收礼，收礼就收脑白金”，成龙代言的霸王洗发水。

图 9－1　脑白金广告

图 9－2　霸王洗发水广告

明星代言和在电视媒体做广告，就像通过一个大喇叭宣传自己的品牌一样，扩散性很好，但是效果如何需要考量。现在的用户，不再单纯地相信广告，而是相信口碑传播，并且一旦代言明星出了问题，企业的品牌形象会遭受重创。

一个众筹项目里的所有股东和投资人成为一个利益共同体，每个人都会主动替这个项目推广宣传，相当于每个人变成了一个小喇叭，一群小喇叭的能量绝对超越一个大喇叭。

移动互联网时代，人人都是自媒体，个个都是推广员。当无数人主动帮一个项目传播时，就有无数渠道瞬时爆破，力量巨大，会给项目带来意想不到的收获。比如小菊咖啡，利用七天时间众筹了第一批108位股东，每个股东同股同权，拥有小菊咖啡的股份，都是小菊咖啡的主人。这种主人翁的自豪感成为大家主动宣传的动力，每位股东都会通过各种机会向别人介绍自己的小菊咖啡，在各种场合推荐别人到小菊咖啡做客。有了这100多位能量不小的股东们的大力宣传，小菊咖啡很快被很多人知晓，在尚未开业之前，就已经成为EMBA培训班，大学课堂、创业孵化器等地的典型案例。开业短短三四个月，就成了行内人尽皆知的众筹事件，成了创业圈、互联网圈人士聚会交流的一个地标。

2. 具有独特的优势资源

一般的项目运作是依靠创始人的个人资源，但是这样的资源非常有限，很多事情做起来也会很吃力。创始人既要懂技术，又要跑市场，既要能管人，又要会营销，需要完成超人的工作，难度可想而知。

在这一点上，众筹项目有天然的优势。众筹的本质是资源对接，通过众筹，可以把项目未来发展需要的资源聚集到一起，对接碰撞，产生一个个好的想法并转化落地。

比如，考虑到未来的品牌发展，选人时就瞄准几位品牌专家，将其众筹到股东队伍中，这样项目的品牌发展还用发愁吗？

三、如何利用众筹项目打造品牌

■ 案例一：小菊咖啡

小菊咖啡是以前华为人为主体的众筹咖啡馆，目的是为前华为人提供一个聚会交流的场所。2015 年 3 月 29 日做了唯一一次项目路演，随后的一周时间内，共有 108 位投资人完成打款，成为小菊股东，筹款 540 万元。

这仅仅是筹资上的成功，事后将股东情况汇总后发现，这些股东绝对可以组成一个力量惊人的团队。其中聚集了华夏基石董事长彭剑锋、人民大学金融证券研究所首席咨询师施炜、原华为副总裁张建国、杨建三，原华为资深员工高勇、赵友谊、段志刚、孙立新等；还有各行各业的精英，如普天副总裁陶雄强、航天英雄十大杰出青年宋征宇、K2 地产董事长崔巍等；还有一些不便透露姓名的人。所有股东分布在北京、上海、深圳、成都、广州、武汉、杭州、西安等地。

通过股东们的口口相传，小菊很快被人所知，成为小有名气的品牌，也成了中关村地区的一个地标性建筑和创意聚集地。小菊咖啡众筹的案例被很多人在各种场合讲起，成为了众筹界的一个标杆。2015 年 7 月，有一家企业免费提供场地给小菊开第二家店，此后，上海、南京、陕西等地均有人前来洽谈在本地开店的业务，而且，是在小菊第一家店还没有开业的情况下。

在启动众筹前，三位发起人充分考虑了小菊后续的发展，我们坚信，小菊咖啡必然会是一个连锁品牌，必然会把散落在全国乃至世界各地的前华为人串联起来，在各地生根发芽，茁壮成长。所以，我们设定了连锁发展模式，在众筹方案中也体现了这一模式，即小菊咖啡后续连锁店利润的 10%，平均分配给第一家店的所有股东。

对于后续连锁店的经营，我们的设想是先在北上广深等大城市开设旗舰店，再通过与股东、各地孵化器、创客空间、产业园的合作，扩散到更多城市。连锁店的股权架构我们也做了设计，其中 10% 拿出来给第一家店的所有股东，让首先支持我们的人得到最大的回报，另外再拿出 41% 给核心管理团队和发起团队，其余的 49% 进行众筹。

在第一家店的模式跑通后，我们就会迅速启动连锁模式，相信会有一个非常迅速的规模扩张，完全颠覆传统的连锁加盟模式，再一次成为爆炸性事件，进一步放大小菊的品牌效应。

股东们不断的碰撞和对接，使得资源的聚集效应陆续呈现，浮现出了小菊猎头、HR 精英特训营等项目。为了鼓励股东们更加充分地进行资源对接，支持股东们的创业和企业发展，小菊管理团队又制定了一条规则，即小菊支持股东们在平台上发起新的创业项目，经过管理团队审核后，可以以小菊品牌进行运作，小菊平台和股东提供所有资源支持项目的发展，以项目股权的5%给小菊平台作为回报。

在新的规则下，小菊红酒、小菊进口等项目也陆续启动，后续还有小菊红娘、小菊商学院、小菊基金、小菊茶叶等项目蠢蠢欲动，让我们最兴奋的是，我们不知道明天会有什么新的项目蹦出来。各种资源对接、跨界整合的故事，每天都在上演，迎接我们的是一个又一个惊喜。

所有这些，都显示了小菊在筹钱、筹人、筹资源方面的巨大成功，可以想象，当小菊旗下的一个个项目蓬勃发展起来后，对小菊品牌会是怎样的放大效应！

图 9-3　小菊咖啡内景效果图

■ 案例二：北菜园有机农场

这是一家位于北京延庆的有机农场，470 亩土地完全符合有机标准，是北京乃至华北地区品质最好的有机农场。但是，由于经营者对市场营销不擅长，每年都有大量蔬菜销售不出去，企业连年亏损。

图 9-4　北菜园标志和礼盒

我们的专家团队对北菜园进行了实地考察，和项目团队多次交流探讨，制订了一个众筹方案。

北菜园有机农场众筹方案

1. 产品众筹

经过计算，一家三口平均每年需要的蔬菜量为 400 斤左右，按照平均每斤 25 元计算，需要花费 1 万元。

以此为基础，众筹方案为：

出资1万元，获得400斤北菜园有机蔬菜，送货上门。同时，赠送北菜园的其他产品，如有机大米、柴鸡蛋、有机葡萄、有机菌类等；开放四个大棚，给众筹者进行农耕教育和农耕体验，包括挖地、铺滴灌管、栽苗等，提供全套工具。

出资3万元，提供的菜品、赠品和体验都相应翻倍。

通过产品众筹，对客户按需供菜，并提供额外的赠品和体验活动，增加客户的体验感。

2. 股权众筹

产品众筹之后，我们还设计了股权众筹方案，即10万元起，除了获得等值的蔬菜、赠品外，还可以获得北菜园公司的股份，享受分红。

在做产品众筹时，这个方案并不对外公布，在产品众筹运行半年后，再看时机启动股权众筹。为什么呢？大家可以想想，面对一群陌生人，张口就要别人掏出10万元，这个几乎是不可能的。但是掏出1万元进行体验，还是有可能的。所以，先做产品众筹的目的，就是积累天使用户，通过优质的蔬菜和良好的服务，加上和客户的不断接触以及他们不断深入的体验，增加众筹者对北菜园的了解和信任，并通过口碑传播，让更多人认识北菜园，信任北菜园。当这样的天使用户达到一定数量后，比如几百上千人，在这些人中间推行股权众筹，就会容易很多，这其实就是我们提倡的社群众筹。

另外，在股权众筹方案中，我们还对北菜园的商业模式做了优化升级，单靠卖蔬菜是难以盈利的，盈利模式太单一。我们设计的是借用周边地块，打造旅游度假综合体，客户来到北菜园，除了采摘、体验外，到周边景点旅游，住宿、餐饮、游乐一条龙，这样增加了多条盈利途径，放大了北菜园的盈利能力。

四、模式复制扩张

通过股权众筹，可以为北菜园积累一批天使用户，把北菜园未来发展需要的一些资源链接到一起，助力其发展。如果运营得当，北菜园会成为一家盈利能力很强的有机农场。

但是这还不够，北京周边的有机农场有很多，河北、河南、山东、山西、江苏、浙江……这样的农场更多，是否考虑把北菜园的品牌效应进一步放大呢？

下一步，北菜园将提供技术指导，建立有机蔬菜交易中心，为其他农场提供技术指导和输出，其他农场的有机蔬菜检查合格后，通过交易中心统一销售，统一用北菜园的品牌。这样的话，当北菜园整合了几百家有机农场后，一定会成为中国有机蔬菜的第一品牌。

通过众筹模式，又一次实现了品牌的快速扩张。

■ 案例三：攀枝花现代农庄项目

攀枝花属于四川省，是全国唯一以花名命名的地级市，位于中国西南川滇交界处。

攀枝花市属于传统的工业城市，攀钢是支柱企业，但是一直亏损，市政府希望通过其他产业进行转型。攀枝花是个非常立体的城市，气候独特，属亚热带湿润气候。具有夏季长、日温度变化大、四季不分明、降雨少而集中、日照多、太阳辐射强、气候垂直差异显著等特征。

攀枝花所处的河谷地区比较温暖，年平均气温在 19℃ ~21℃。全年无冬，最冷月的月平均气温也在 10℃ 以上。夏季的气温不高，最热月的月平均气温也不过 26℃。这里降水不多，云量少而光照充足，全年日照时数长达 2300 ~2700 小时。年总降水量在 760 ~1200 毫米。这种独特的气候环境，非常有利于农作物和水果的生长。

攀枝花的水果很好，尤其是芒果、石榴和葡萄。市政府做了一个现代农业项目，确定了四个试点，希望通过传统农庄的改造蹚出一条发展的新路。

我们团队过去考察后，经过和相关人员充分沟通交流，设计了这样的方案。

1. 进行农庄改造

在果园基础上，结合周围的民宿、水资源，改造成可以采摘、游玩、住宿、餐饮的旅游度假农庄。

2. 产品众筹

参与众筹的人可以获得等值的水果，并赠送四个农庄的住宿、餐饮名额。前期通过本地车友会等社群，对接本地优质人群资源。

3. 实体店众筹

产品众筹主要是对接本地人群，要想打出品牌这还远远不够，下一步我们又设计了实体店众筹方案。在北上广深等大城市开办攀枝花水果体验店，将各大城市对原产地水果有需求的、注重生活品质的人群纳入众筹范围。

这样就进一步扩大了攀枝花水果的影响范围，把原产地生态品牌扩展到了全国。当有了一定知名度后，下一步就可以借势在全国各地开办连锁店，打出自己的品牌，实现品牌输出了。

上面是三个通过众筹打造品牌，并进行品牌输出的案例，但众筹并非灵丹妙药，并非所有的项目都适合通过众筹打造品牌。

做品牌有三个前提条件

1. 产品有卖点

比如“怕上火、喝加多宝”，让大家可以一目了然，清楚你的独特卖点是什么。

2. 有特点有识别度

之前的中国好声音已经在浙江卫视举办了四季，成为家喻户晓的、收视率超高的电视节目，有几百位实力不俗的歌手通过这个节目被广大观众熟悉。但是，在所有歌手中最红的、赚钱最多的你知道是哪位吗？

不是第一季的冠军梁博，不是少数民族歌手吉克俊逸，不是唱功很好的黄勇、关喆，而是吴莫愁。论长相，论唱功，吴莫愁都不算突出，但是她为什么能这么火呢？就是因为她的长相和歌声非常有特点，只要你看过她一眼，听过她的声音，绝对能记得住，下次再看到或听到，一下就能认得出，这个和喜欢无关。

3. 给用户带来面子上的享受

在国内有不少购买苹果手机的段子，比如卖肾买苹果等，看起来让人唏嘘。细想一下，苹果手机到底有什么不同呢？它的功能强大？内存大？拍照清晰？还是……其实都不是，很多人买苹果，就是为了两个字——面子。

手里拿着苹果，和拿着其他品牌手机的感觉是不一样的。所以我们的产品和品牌，也要在用户心中塑造这样的感受，给用户面子上的享受。

但是如果产品和服务本身不过硬，质量差、价格贵，无论如何运作，也无法打造出持续的品牌影响力的。

五、用社群品牌实现品牌联动

上面所讲的更多的是产品品牌，对于众筹项目来说，还有一个品牌需要特别重视，就是社群品牌。

如果你是正和岛的，别人会认为你是成功的企业家；如果你是小米手机的粉丝，别人会认为你比较屌丝；如果你是华为员工，别人会认为你踏实能干、执行力强；如果你是做微商的，别人会认为你整天就会发广告……

在这个社群社会里，更重要的可能不是产品品牌，而是个人品牌和社群品牌。你属于哪个社群，某种程度上就代表了你是什么样的人。你属于哪个众筹股东社群，某种程度上就代表了你的产品会是什么样子。

社群品牌、产品品牌、企业品牌，三位一体，联动发展。

所以，对于众筹项目来说，打造好股东社群，塑造股东社群品牌，是至关重要的。这其中最关键的就是用前面所讲的方法运营好社群；用不同的活动激活社群，增强链接；用不同的项目转化社群资源，实现社群价值最大化。

本章内容提炼

1. 在做一个项目的众筹方案时，一定要把眼光放远，把格局提升

如果仅仅盯着一个小店的众筹，那做出来的就是一个小店；如果盯着连锁，可能能做出几百家店；如果盯着整个产业，可能做出一个百年企业。所以要用连锁的眼光、生态的格局去做众筹，为自己企业未来的发展打开无限的想象空间。

从人群上看，未来的众筹一定是社群众筹；从项目选择上看，未来众筹一定是做小而美的项目；从回报方式上看，未来众筹一定是复合回报，众筹参与者得到的不仅是产品，还有服务、消费和股权。不仅有一个项目的产品和股权，还可以有其他项目的产品和股权；从模式上看，未来众筹一定是连锁众筹，做咖啡馆、做饭店，绝不仅仅开一家，而是成百上千家；从范围上看，未来众筹一定是产业众筹，项目方案可以移植到行业中的其他类似项目，项目的发展可以影响到行业上下游企业，可以提升整个行业的发展水平。

2. 在进行众筹方案的设计前，必须先梳理商业模式

没有商业模式的优化升级，单纯的众筹方案是没有意义的。

在做众筹方案前，要先看项目计划书，目的是了解商业模式，如果模式不合理，产品和服务没有竞争力，这样的项目是不能做的。然后要现场考察，目的是深入了解企业创始人，如果人不对，事情也没法做。确定合作后，我们专家团队会从项目定位、人群细分、品牌打造、营销策略等方面进行梳理，最后才进入社群打造运营、众筹方案设计和实施

阶段。

3. 通过品牌联动实现品牌的输出

社群品牌、产品品牌、企业品牌，一个都不能少，其中社群品牌尤其重要。在当今的社群时代，如果通过一个项目能打造一个优质的社群品牌，在自己的社群内部培养出一个个大喇叭，通过口碑传播，就可以利用很低的成本实现品牌的宣传和扩张。

对于企业来讲，这是一个很好的弯道超车的机会。互联网思维的本质就是用户思维，谁拥有了用户，谁就掌握了话语权。未来企业的运营，一定要呈现这样的场景：每个企业都拥有自己的用户社群，企业的各个角色通过各自的方式和用户发生各种关系和链接，组织各种活动，获得用户的需求和反馈，以此制定产品的生产、制造和营销计划，真正实现用户和企业一体化。哪个企业最早拥有用户社群，哪个企业拥有的用户社群就越大，也就越有竞争力。

目前的市场竞争非常激烈，每个细分领域都有无数人盯着，有无数品牌在肉搏，有巨无霸企业在霸占市场，一个新的品牌要想打出一片天地是很难的。幸运的是，目前社会上的社群虽然很多，但真正能被人记住的、叫得出口的并不多，这是一片蓝海。所以，针对传统企业转型，我们提出了一个模式——社群 + 企业大学。培养社群运营官，帮助传统企业用社群的思路和方法运营自己的社群，打造自己的社群品牌，相信会非常有竞争力。

同时，未来的社群一定是渠道通畅的、跨界的。一个企业不仅要拥有自己的用户社群，还要有自己的供货商社群和行业社群，同时还可以通过社群对接，实现资源共享，把自己的产品和服务扩散到有需求但不属于自己社群的用户中去，实现跨社群的充分链接，使用而不拥有，充分体现共享经济的本质。

第十章
众筹的退出机制

- 退出路径及选择
- 收益分配和剩余财产分配
- 合伙人股权退出机制
- 自愿退出和强制退出

众筹项目不仅需要有严格的准入机制（如核心发起人或合伙人联名推荐制、一票否决制、背景调查制、末位淘汰制、业绩对赌制等制度），更要有完善的退出机制，有进有退，形成良性循环，才能快速提高众筹项目的估值和品牌影响力，以丰厚的利润回报投资人。

在当前众多的众筹项目尤其是股权众筹项目中，募集资金为几十万元、几百万元的，筹钱不难，筹人也不难，难的是投后运营管理和持续盈利能力，而如何退出、何时退出、如何完美退出则是所有问题的焦点。

中国人规则意识淡薄，即使制定了规则，也不愿意遵守，不乐于接受监督，所以，才有“兄弟式入伙，小人式互害，仇人式散伙”的说法。如何才能做到“兄弟式入伙，亲人式相处，恩人式退出”呢？这不仅需要项目发起人的格局和智慧，更考验项目发起人的勇气和担当，众筹项目从发起到落地，从运营到退出，处处充满惊险、刺激和乐趣。

一、退出路径及选择

除资金以外，投资人利用自身的经验与资源为创业者提供投后管理服务可以帮助创业企业更快成长。另外，也有一些股权众筹平台，会在项目完成众筹后，为创业者和投资人设立投后管理的对接渠道。投后管理服务包括发展战略及产品定位辅导、财务及法务辅导、帮助企业招聘人才、帮助企业拓展业务、帮助企业再融资等。

现在众筹出来的咖啡馆，经营时间都不长，有些已经难以为继，但还没听说把哪个发起人踢出来的。当然众筹组织跟企业不一样，没有业绩压力，但对于毒害组织的人必须要坚决踢走。所以，众筹咖啡馆绝不像看上去那么好玩，这种自发的有机组织同样需要优胜劣汰，同样可能出现党同伐异。互联网改变了人们的生产生活方式，但是改变不了人性。如同在人性上工业社会没有比农业社会进化多少一样，互联网对此也无能为力，它只不过把人性的善与恶，用另一种方式隐藏起来或放大了。

股东的退出机制还是以股份的回购、股份的转让这两种方式为主。这两种方式中的股份回购有一些限制，即公司一般不得回购本公司的股份，除非出现下列情形：减少公司的注册资本，与持有本公司股份的其他公司合并，将股份奖励给本公司职工，股东对公司的股份转让合并持有异议，要求公司进行回购等。因为这些情形发生概率较低，所以股东的退出机制以股份的转让为主。

公司在做股份转让时建议对发起人的股份转让给予一定的锁定期，规定公司的发起人在众筹项目发起后一年或更长时间内都不可以转让退出，也可以对其他团队核心人员规定一定的限售期，其他非发起人和非核心股东的股份退出则按我国《公司法》的规定，先由其他股东行使优先购买权，如果其他股东不行使购买权，则可转让给第三人，股份转让价格由双方进行协商。

如果股东要求退出，但是没有其他人愿意购买他的股份，公司又没有上市，在现行的机制下，是没有退出渠道的。罗振宇强调，新的经济是自由人的自由联合，作为股东享受公司的分红也应该以自己的出资为限承担公司的亏损责任。在没有人愿意接受你的股份的情况下，你只能选择和公司共存亡，反过来说，你既然选择了投资，只享受公司的收益却不愿意承担投资的风险，难道这不是在耍流氓？

但有一些公司为了推进众筹计划或者出于人性考虑，规定了在出现这些情形时由公司或公司的发起人进行受让，但以什么价格进行受让是一个难题。由于公司尚未上市，所以没有一个合理的定价，也很难有同行业的参考标准，建议在出资入股时就在协议里约定清楚，比如有的众筹项目在入股协议里约定发生这种情况时，由所有股东给出一个评估价，取其平均值作为转让价，也有的约定以原始出资价作为转让价。总之，这对公司和创始人的资金实力提出了很高的要求，如果公司盈利，这些都不是问题，如果公司亏损，那么要求回购和受让显然是困难的。这其实对公司和发起人是不公平的，换言之，公司和发起人并没有回购义务，但是如果从诚意的角度愿意回购，以一个较低的价格回购是合理的。

二、收益分配和剩余财产分配

公司的收益分配在众筹项目里面存在的特殊之处在于隐名股东的收益分配问题。按一般的流程，是由公司将收益分配给名义股东，再由名义股东打到隐名股东的账户，这里就有一个信任问题，有的公司采用直接由公司打入隐名股东银行账户的方式，但这在财务上如何操作，需要听取财务专家的意见。为了规避这方面的风险，可以使用公司进行担保，即如果出现受托股东截留收益或者挪作他用的现象时，公司进行垫付后，再由公司对受托股东进行追索。

关于众筹项目的剩余财产如何进行分配的问题，这里需要设计保护隐名股东的机制，所有信息要公开、流程要规范、财务要透明、监督要有力、分配要合理，制度剩余财产要能分到所有股东的账户，整个过程充分接受所有股东的监督。

三、合伙人股权退出机制

创业公司的发展过程中总会遇到核心人员的人事变动，特别是已经持有公司股权的合伙人退出团队。妥善处理合伙人持有的股份，有效避免因合伙人股权问题影响公司正常经营的情况发生。

1. 提前约定退出机制，管理好合伙人预期

提前设定好股权退出机制，约定好合伙人在每一阶段退出后，要退回的股权和退回形式。创业公司的股权价值是所有合伙人长期服务于公司赚取的，当合伙人退出公司后，其所持的股权应该按照一定的形式退出。一方面，对于其他合伙人更公平，另一方面，也利于公司的持续稳定发展。

在实践中，往往要设定一定条件和年限的锁定期，这对于众筹项目来说，有利有弊。有利的方面是保持股权的相对稳定性，继而保持合伙人对外的相对稳定性；不利的方面是明确规定退出的条件和年限，对于短线投资人或财务投资人可能是不公平的。

2. 股东中途退出，股权溢价回购

退出的合伙人的股权回购方式只能通过提前约定的方式退出，退出时公司可以按照当时公司的估值对合伙人手里的股权进行回购，回购的价格可以按照当时公司估值的价格适当溢价。

在实际运作过程中，因各种原因合伙人中途退出的，合伙人所持股份，在同等条件下，其他合伙人有优先受让权。

3. 设定高额违约金条款

为了防止合伙人退出公司，却不同意公司回购股权的情况发生，可以在股东协议中设定高额的违约金条款。

四、自愿退出和强制退出

退出是众筹投资资金流通的关键所在，只有完成了有效的退出才能将初创企业成长所带来的账面增值转换为众筹投资人的实际收益。众筹投资主要的退出方式包括 VC 接盘、并购退出、管理层回购、IPO、破

产清算等。不过随着我国股权众筹行业发展渐趋成熟，众筹项目发展到了一定阶段，尤其是众筹项目有了一定规模和利润，甚至出现了一些负面影响，合伙人退出也是正常现象。

尽管退出的路径各有不同，但从是否为本人自愿、是否给众筹项目造成损害等角度看，退出可以分为自愿退出和强制退出两种。

在目前众筹项目的退出机制中，有相当一部分项目没有退出机制或没有明确的退出机制，导致合伙人退出难，甚至合伙人为了退出而对簿公堂、反目成仇。

1. 自愿退出

在众筹项目发展过程中，如果本人申请退出，理由正当，又有合伙人愿意收购其股份，对众筹项目的稳健发展来说，是最好不过的，这样既保持了合伙人队伍的相对稳定，又保持了股权结构的相对稳定。

在众筹项目中，自愿退出的情形有以下几种：

（1）由于自身原因，如生病、出国、移民、创业等，不能抽出一定的时间参加众筹项目运营的；

（2）由于自身原因，不能胜任本职工作，经本人申请或公司高层做工作，本人自愿离职或调岗的；

（3）众筹项目达到一定规模和品牌影响力，符合合伙人协议或股权协议约定的退出条件的；

（4）众筹项目有一定的流水和体验店；

（5）众筹项目达到一定的估值或招募N轮合伙人的。

合伙人或股东符合上述情形之一，经合伙人会议或股东会决议，合伙人可以全部或部分转让股份，由受让方支付一定的对价，并及时办理工商变更登记手续。

2. 强制退出

当众筹项目合伙人（股东）严重损害公司利益时，公司有权根据合伙人协议、股东协议以及投资承诺、风险告知函的有关约定，直接启动股份回购程序，由股东以较低的价格回购该合伙人（股东）股份，以维护整体利益。

在众筹项目中，强制退出的情形有以下几种：

(1) 不能胜任本职工作，又不同意离职或转岗的；

(2) 违反保密协议或保密条款以及竞业禁止限制协议的规定，给公司造成重大经济损失的；

(3) 因违法犯罪被司法行政机关处罚的，如被治安拘留、行政拘留或刑事拘留。

当然，无论是自愿退出还是强制退出，都应当对信息进行及时、准确、完整的披露，禁止对投资人进行虚假宣传或误导性陈述，这是众筹项目发起人应当保守的道德底线和法律底线。

法律文书分享

法律文书一：投资承诺及风险告知函

投资承诺及风险告知函

本人自愿加盟××有限公司，成为股东，为保证众筹项目的顺利推进，本人郑重承诺如下，请股东会予以监督：

本人承诺所提交的所有证件、资料真实、合法、准确、有效；

本人全权委托公司代我行使公司日常经营、管理活动，本人不参与、不干涉公司日常经营、管理活动；本人的股份，由公司负责人××代持；

本人同意公司制定的战略发展规划、财务预决算方案和公司制定的规章制度；

本人同意按所持股份享有分红和股权溢价，按所持股份承担责任和投资风险；

本人严格履行《股东协议》约定的义务，不损坏公司利益，不泄露公司商业秘密；

本人完全理解《股东协议》的全部内容，本人自愿承担投资失败的风险。

特此承诺！

承诺人：

年　　月　　日

法律文书二：保密协议

保密协议

协议编号：____________

甲方（企业）：　　　　　　乙方（员工）：

注册地址：　　　　　　　　公民身份号码：

法定代表人：　　　　　　　通讯地址：

鉴于乙方在甲方任职，已经（将要）知悉甲方的商业秘密，双方就乙方在甲方任职期间及离职以后保守甲方商业秘密的有关事项，依据《劳动合同法》及其他相关法律法规的规定，订立下列条款共同遵守：

一、保密的内容与范围

甲乙双方确认，乙方承担保密义务的甲方商业秘密包括但不限于以下内容：

（1）技术信息：技术信息的范围包括但不限于甲方的专利实施、技术方案、制造方法、配方、工艺流程、技术指标、工程设计、电路设计、计算机软件、数据库、研究开发记录、技术报告、检测报告、实验数据、试验结果、图纸、样品、样机、模型、模具、操作手册、技术文档、相关函电。

（2）经营信息：经营信息的范围包括但不限于甲方尚未付诸实施及实施中的经营战略、经营方向、经营规划、经营项目、经营决策及可行性分析报告；客户情报、营销计划、采购资料、价格方案、分配方案、财务资料、进货渠道、产销策略、招投标中的标的及内容、管理制度及方法。

（3）甲方依照法律规定或者有关协议的约定，对外承担保密义务的事项；

（4）乙方在工作期间获得的其他一切与甲方事务有关的保密信息。

二、保密义务

对甲方的商业秘密，乙方承担以下义务：

（1）乙方在甲方任职期间，必须遵守甲方规定的任何成文或不成文的保密规章、制度，履行与其工作岗位相应的保密职责。甲方的保密规章、制度没有规定或者规定不明确之处，乙方也应本着谨慎、诚实的态度，采取任何必要、合理的措施，维护其任职期间知悉或者持有的任何属于甲方或者虽属于第三方但甲方承诺有保密义务的商业秘密、技术秘密或其他商业秘密信息等。

（2）未经甲方书面授权，乙方不得以打印、复印、拷贝、电子数据传输、告知、公布、发布、出版、传授、出借、赠与、出租、转让或者其他任何方式向第三方（指除甲乙双方外的任何第三方，甲方其他员工、乙方的亲属师友等也属于第三方）泄露本协议规定的商业秘密、技术秘密或其他商务秘密等信息。未经甲方同意，乙方也不得更改、删除商业秘密、技术秘密或其他商务秘密等信息。

（3）乙方承诺，其在甲方任职期间，非经甲方事先同意，不得在与甲方生产、经营同类产品和提供同类服务的其他企事业单位、社会团体内担任任何职务，具体包括股东、合伙人、董事、监事、经理、职员、代理人、顾问等。

（4）不得为自己利益使用。

（5）因工作保管、接触的商业秘密应妥善保存，未经许可不得超出工作范围使用，如发现商业秘密被泄露或因自己过失泄露的，应采取有效措施防止秘密进一步扩大，并及时向甲方报告。

（6）在商业秘密的个别部分或个别要素已被公知，但尚未使商业秘密的其他部分或整体成为公共知识，商业秘密没有丧失价值的情况下，乙方应承担仍属秘密信息部分的保密义务，不得使用该部分信息或诱导第三人通过搜集公开信息以整理出甲方的商业秘密。

（7）无论乙方因何种原因从甲方离职，乙方应立即向甲方移交自己掌握的所有文件、记录、资料、器具、数据、笔记、报告、计划、目录、来往信函、说明、图样、蓝图及纲要（包括但不限于上述内容之任何形式之复制品），并办妥有关手续。

三、保密期限

甲乙双方确认，乙方的保密义务自甲方盖章和乙方签字之日起开始，至上述商业秘密公开或被公众知悉时止。乙方的保密义务不因劳动合同的解除或终止而免除。

四、竞业限制

（1）乙方离职时，应立即向甲方移交所有自己掌握的，包含甲方商业秘密的文件、记录、信息、资料、设备、数据、笔记、报告、计划、目录、来往信函、说明、图样、蓝图及纲要（包括但不限于上述内容之任何形式之复制品），并办妥有关手续，所有记录均为甲方或第三方的绝对财产，乙方将保证有关信息不外泄，不得以任何形式留存甲方有关商业秘密信息，也不得以任何方式再现、复制或传递给任何人。

（2）在存在劳动关系期间及解除或者终止劳动合同后____年内，

乙方不得到与本单位生产或经营同类产品、从事同类业务的有竞争关系的其他用人单位，或者自己生产、经营同类产品，从事同类业务。具体包括：

①不得受聘于任何和甲方业务相同或相似，且有竞争关系的组织，以及从事与甲方业务相同或相似的业务，无论在该组织中任何职，无论全职或兼职；

②不得自己经营或与他人共同经营与甲方有直接或间接竞争关系的业务；

③不得以任何形式直接或间接拥有与甲方有竞争关系的其他任何企业的股权；

④不得雇用甲方的任何员工，或从甲方任何客户中招揽业务；

⑤不得将自己以前的客户介绍给予甲方有竞争关系的第三人或将与甲方有竞争关系的第三人介绍给自己以前的客户。

（3）从乙方离职后开始计算竞业禁止期时起，甲方应按竞业禁止期限向乙方支付一定数额的竞业禁止补偿费。补偿费的标准为人民币________元/月。补偿费从________年____月开始，按月支付，由甲方于每月的____日通过银行打至乙方银行卡内。

乙方账户信息：

开户名称：

开户银行：

银行账号：

（4）竞业禁止期满，甲方即停止补偿费的支付。

（5）甲方有权对乙方承担竞业禁止义务的情况进行监督与检查，乙方应当履行下列义务，配合甲方的监督与检查：

①每季度提供一份其人事档案存档机关出具的证明其劳动关系的证明文件；

②每季度提供一份证明其在任职单位工作的证明文件；

③乙方应于每月20日前告知甲方现在的住址、联系方式及工作情况，甲方可以随时去乙方住所核实情况（包括查看乙方住所的房屋租赁合同或房产证和向乙方邻居了解乙方的工作情况），乙方应当予以积极配合。

④乙方未能按时提供上述证明文件或履行其他义务的，甲方有权停止给予乙方补偿，且不免除乙方保密和竞业禁止义务。

五、违约责任

（1）甲乙双方商定，如乙方违反上述各项保密义务而损害甲方利益，按照以下方法承担赔偿责任：

①乙方应赔偿甲方损失，损失赔偿额为甲方因乙方的违约行为所受到的实际经济损失，包括甲方为开发、培植有关商业秘密所投入的费用，因乙方的违约行为导致甲方产品销量减少的金额，以及依靠商业秘密取得的利润减少金额等。

②依照前款计算方法难以计算的，损失赔偿额为乙方因违约行为所获得的全部利润。

③甲方因调查乙方违约行为、追究乙方违约责任而支付的合理费用，由乙方承担。

（2）乙方违反竞业限制约定的，应当向甲方支付违约金。违约金需一次性向甲方支付，违约金额为乙方离开甲方时上年度的薪酬总额的____倍。

六、著作权及职务发明创造的权属

双方确认，乙方在甲方任职期间，因履行职务或者主要利用甲方的物质技术条件、业务信息等产生的发明创造、技术秘密或其他商业秘密，有关的知识产权均属于甲方。

上述发明创造、技术秘密及其他商业秘密，有关的发明权、署名权

（依照法律规定应由甲方署名的除外）等精神权利由作为发明人、创作人或开发者的乙方享有，甲方尊重乙方的精神权利并协助乙方行使这些权利。

乙方在甲方任职期间所完成的与甲方业务相关的发明创造、技术秘密或其他商业秘密，乙方主张由其本人享有知识产权的，应当及时向甲方申明。经甲方核实，认为确属于非职务成果的，由乙方享有知识产权，甲方不得在未经乙方明确授权的前提下利用这些成果进行生产、经营，亦不得自行向第三方转让。乙方没有申明的，推定其属于职务成果，甲方可以使用这些成果进行生产、经营或者向第三方转让。

七、争议的解决

因本协议而引起的纠纷，如果协商解决不成，任何一方均可向甲方所在地劳动争议仲裁委员会提起仲裁。上述约定不影响甲方请求有关部门对侵权行为进行行政和刑事处理。

八、其他

（1）本协议的任何修改必须经过双方的书面同意，协议的部分修改或部分无效并不影响其他部分的效力。

（2）本协议一式两份，甲乙双方各执一份，协议自双方签字盖章之日起生效。

（3）本协议签订地为________。

（4）双方确认，在签署本协议前已仔细审阅过协议内容，并完全了解协议各条款的法律含义。

（以下无正文）

甲方：　　　　　　　　　　　　　　　乙方（签字）：

法定代表人（签字）：

______年______月______日　　　　　______年______月______日

第十一章

众筹的风险防控

- 众筹中常见的刑事犯罪
- 众筹中常见的民事法律风险
- 不同类型的众筹法律风险及防控
- 中国式众筹发展困境

互联网金融作为新生事物，机会无处不在，风险如影随形。对于从事众筹项目的人来说，看得见的风险，如交易风险、运营风险、技术风险等，但是最为重要的是众筹项目运营过程中可能出现的法律风险，即看不见的风险。

任何风险都将戴着法律的面具出现，可怕的不是风险本身，而是面对风险浑然不觉、无从下手。无论是众筹项目发起人还是投资人，无论是众筹平台还是第三方服务机构，必须具备高度的风险防控意识和能力，既知道风险在哪里，又知道怎样去化解。

一、众筹中常见的刑事犯罪

目前出事的众筹平台主要涉及两种刑事犯罪，一是非法吸收公众存款或者变相吸收公众存款罪；二是集资诈骗罪，这是众筹法律风险中后果最为严重的法律责任。

1. 非法吸收公众存款或者变相吸收公众存款罪

根据《刑法》第 176 条：“非法吸收公众存款或者变相吸收公众存款，扰乱金融秩序的，处三年以下有期徒刑或者拘役，并处或者单处两万元以上二十万元以下罚金；数额巨大或者有其他严重情节的，处三年以上十年以下有期徒刑，并处五万元以上五十万元以下罚金。单位犯前款罪的，对单位判处罚金，并对其直接负责的主管人员和其他直接责任人员，依照前款的规定处罚。”

同时，根据《最高人民法院关于审理非法集资刑事案件具体应用法律若干问题的解释》法释［2010］18：“违反国家金融管理法律规定，向社会公众（包括单位和个人）吸收资金的行为，同时具备下列四个条件的，除刑法另有规定的以外，应当认定为刑法第176条规定的‘非法吸收公众存款或者变相吸收公众存款’：

（1）未经有关部门依法批准或者借用合法经营的形式吸收资金；

（2）通过媒体、推介会、传单、手机短信等途径向社会公开宣传；

（3）承诺在一定期限内以货币、实物、股权等方式还本付息或者给付回报；

（4）向社会公众即社会不特定对象吸收资金。”

此外，《最高人民法院、最高人民检察院、公安部关于办理非法集资刑事案件适用法律若干问题的意见》（2014年3月25日）规定：“向社会公开宣传包括以各种途径向社会公众传播吸收资金的信息，以及明知吸收资金的信息向社会公众扩散而予以放任等情形。”

比如，在向亲友或者单位内部人员吸收资金的过程中，明知亲友或者单位内部人员向不特定对象吸收资金而予以放任的；以及以吸收资金为目的，将社会人员吸收为单位内部人员，并向其吸收资金的。

根据《最高人民法院关于审理非法集资刑事案件具体应用法律若干问题的解释》法释［2010］18号：“非法吸收或者变相吸收公众存款，具有下列情形之一的，应当依法追究刑事责任：

（1）个人非法吸收或者变相吸收公众存款，数额在20万元以上的，单位非法吸收或者变相吸收公众存款，数额在100万元以上的；

（2）个人非法吸收或者变相吸收公众存款对象30人以上的，单位非法吸收或者变相吸收公众存款对象150人以上的；

（3）个人非法吸收或者变相吸收公众存款，给存款人造成直接经济损失数额在 10 万元以上的，单位非法吸收或者变相吸收公众存款，给存款人造成直接经济损失数额在 50 万元以上的；

（4）造成恶劣社会影响或者其他严重后果的。”

尽管这一追诉标准还有可以商量的余地，但作为目前生效的追诉标准，在确定是否构成非法集资犯罪方面具有重要意义。超过上述金额或者上述出借人数量吸收存款的，就应当被追究非法集资的刑事责任。此外，按照最高法院、最高检察院和公安部 2014 年联合下发的《关于办理非法集资刑事案件适用法律若干问题的意见》（以下简称《非法集资司法解释 2014 年》）的规定，“为他人向社会公众非法吸收资金提供帮助，从中收取代理费、好处费、返点费、佣金、提成等费用，构成非法集资共同犯罪的，应当依法追究刑事责任”。

在中国尚缺乏众筹立法的情形下，众筹模式在形式上似乎已经同时满足了四个要素，即未经审批、通过网站公开推荐、承诺一定的回报、向不特定对象吸收资金。但是，众筹模式与非法集资仍有本质的区别，因为它不是由平台吸收公众存款或集资的行为，平台只是一个服务中介，嫁接项目方和出资方，构成一对多或多对多的网状结构。但必须指出，这只是一种法理上的解释和判断，由于立法尚未跟上，合法和非法往往处于一个相对模糊和不确定的状态中，尤其相关执法部门的意见往往能直接决定或影响项目的生死，法律风险犹存。

2. 集资诈骗罪

非法集资是未经有关部门依法批准，包括没有批准权限的部门批准的集资；有审批权限的部门超越权限审批集资，集资者不具备集资的主体资格，承诺在一定期限内给出资人还本付息。还本付息的形式除以货币形式为主外，也有实物形式和其他形式；向社会不特定的对象筹集资金。这里“不特定的对象”是指社会公众，而不是指特定少数人；以合法形式掩盖其非法集资的实质。对于网络化非法集资活动的界定，重点是根据最高法司法解释关于非法集资的四个特征要件来判断，即非法性、公开性、利诱性、社会性。

依据《中华人民共和国刑法》第192条对集资诈骗罪的规定："以非法占有为目的，使用诈骗方法非法集资，数额较大的，处五年以下有期徒刑或者拘役，并处两万元以上二十万元以下罚金；数额巨大或者有其他严重情节的，处五年以上十年以下有期徒刑，并处五万元以上五十万元以下罚金；数额特别巨大或者有其他特别严重情节的，处十年以上有期徒刑或者无期徒刑，并处五万元以上五十万元以下罚金或者没收财产。"

《最高人民法院关于审理非法集资刑事案件具体应用法律若干问题的解释》第四条对诈骗方法进行了明确：

（1）不具有发行股票、债券的真实内容，以虚假转让股权、发售虚构债券等方式非法吸收资金的；

（2）不具有募集基金的真实内容，以假借境外基金、发售虚构基金等方式非法吸收资金的；

（3）不具有销售保险的真实内容，以假冒保险公司、伪造保险单据等方式非法吸收资金的；

（4）以投资入股的方式非法吸收资金的；

（5）以委托理财的方式非法吸收资金的；

（6）利用民间"会""社"等组织非法吸收资金的

……

同时，《最高人民法院关于审理非法集资刑事案件具体应用法律若干问题的解释》第四条明确了对"非法占有"的认定。此外，第五条明确了对"数额较大"的认定：

（1）个人进行集资诈骗，数额在10万元以上的，应当认定为"数额较大"；数额在30万元以上的，应当认定为"数额巨大"；数额在100万元以上的，应当认定为"数额特别巨大"。

（2）单位进行集资诈骗，数额在50万元以上的，应当认定为"数额较大”；数额在150万元以上的，应当认定为“数额巨大”；数额在500万元以上的，应当认定为“数额特别巨大”。

由上述规定可见，刑法对于非法集资类犯罪采取极其严厉的立法态度，甚至将集资诈骗类犯罪规定为重刑。而众筹的大众参与集资的特点极容易与非法集资关联起来，稍有不慎出现越界，就可能触犯非法集资的法律红线，涉嫌非法集资类犯罪。

二、众筹中常见的民事法律风险

众筹过程中除了可能会面临刑事犯罪外，由于众筹天然存在的大众参与集资的属性，必然涉及众多人员，这必将导致大家利益分配的不一致，随之而来的是民事法律风险的发生。

（1）合同违约纠纷

主要表现在众筹产品质量不符合约定，不能如期邮寄众筹产品纠纷等；

（2）股权争议

对于采取股权代持方式的股权类众筹，还可能存在股权代持纠纷等；

（3）股权退出纠纷

如果没有事先设计好退出机制或者对退出方式设计不当，极容易引发大量纠纷；

（4）服务费（佣金）纠纷

根据我国《合同法》第23章“居间合同”第424条：“居间合同是居间人向委托人报告订立合同的机会或者提供订立合同的媒介服务，委托人支付报酬的合同。”第426条：“居间人促成合同成立后，委托人应当按照约定支付报酬。对居间人的报酬没有约定或者约定不明确，依照本法第六十一条的规定仍不能确定的，根据居间人的劳务合理确定。因居间人提供订立合同的媒介服务而促成合同成立的，由该合同的当事人平均负担居间人的报酬。居间人促成合同成立的，居间活动的费用，由居间人负担。”

（5）电子签名纠纷

根据我国《电子签名法》第三条：“民事活动中的合同或者其他文件、单证等文书，当事人可以约定使用或者不使用电子签名、数据电文。当事人约定使用电子签名、数据电文的文书，不得仅因为其采用电子签名、数据电文的形式而否定其法律效力。”《电子签名法》第14条：“可靠的电子签名与手写签名或者盖章具有同等的法律效力。”

随着互联网的高速发展，人们在享受互联网带来的便捷、高效的信息服务的同时，会越来越多地涉及电子签名而引发的纠纷。

（6）第三方支付平台纠纷

根据《非金融机构支付服务管理办法》（人民银行令［2010］第2号）第三条：“非金融机构提供支付服务，应当依据本办法规定取得《支付业务许可证》，成为支付机构。支付机构依法接受中国人民银行的监督管理。未经中国人民银行批准，任何非金融机构和个人不得从事或变相从事支付业务。”

（7）第三方机构托管纠纷

如众筹平台委托第三方机构对众筹资金代为托管、支付而产生的纠纷以及众筹平台委托第三方机构对书面合同和电子合同进行证据托管而产生的纠纷。

（8）民事诉讼程序上的问题

如诉讼主体资格确定问题、集团诉讼问题、电子证据认定问题、损失确定标准问题、刑民交叉及刑事附带民事诉讼等诸多程序问题。

为了避免不必要的民事法律争议，在众筹模式设计及具体的交易流程设计上，要关注每一个细节，把每一个细节用一个个法律文本固化下来，避免约定不明发生争议。具体如下：

作为众筹平台，应当设计好众筹规则，参与者必须遵守众筹规则，相关各方与众筹平台应当有一份比较完整的协议，这个协议如果在线上完成，则运用电子签名方式进行，平台应做好流程及文档管理。

需求双方就具体的众筹产品、股权投融资应做好具体协议的签署工作。如果在线上进行，可运用电子签名，平台应保管好整个电子文档备查。

众筹过程中发生的股权代持，一定要签署股权代持协议，对股权代持的有关问题进行详细约定，避免争议。尽管法院判例认可代持，但是代持存在的风险较大，以持股平台来架构更佳。

作为众筹结构中的三方，投资方、平台及需求方（众筹发起人），应各自明确责任，根据各自在交易中的地位签署相应的法律协议。如果众筹结构中因需要涉及更多的第三方（如资金监管方、担保方），应根据其在众筹中的权利义务做好协议安排，明确权责。

三、不同类型的众筹法律风险及防控

1. 债权类众筹的刑事和行政法律风险

债权类众筹表现的一般形式为 P2P 模式，其最可能触碰的刑事罪名是非法集资类犯罪，主要是非法吸收公众存款和集资诈骗。属于公检法司法机关受理和管辖的范围。同样，如果尚未达到非法集资的刑事立案标准，则其可能构成非法金融行政违法行为，属于中国人民银行监管处罚的范围。

那么如何避开非法集资类的刑事或行政法律风险呢？目前，监管层对互联网金融持积极开放的态度，债权类众筹可以创新，但不要触碰法律红线。如果不去触碰央行官员划定的三条法律红线，债权类众筹则可能避开非法集资类的刑事犯罪或行政违法风险。具体如下：

第一条法律红线：当前相当普遍的理财资金池模式，即 P2P 平台将借款需求设计成理财产品出售，使投资人的资金进入平台中间账户，产生资金池。

第二条法律红线：为不合格借款人导致的非法集资风险，即 P2P 平台未尽到对借款人身份的真实性核查义务，甚至发布虚假借款标的。

第三条法律红线：典型的庞氏骗局，即 P2P 平台发布虚假借款标，并采取借新还旧的庞氏骗局模式，进行资金诈骗的。

根据上述划定的三条法律红线，作为债权类众筹，要充分把自己定位为中介平台，回归平台类中介的本质，为投资方与资金需求方提供准确的点对点服务，不得直接经手资金，不得借助平台为资金需求方提供担保，不得借助平台承诺回报，不得为平台本身募集资金，不得建立资金池。要严格审查融资方的信息，严防虚假融资信息的发布。

2. 股权类众筹刑事或行政法律风险

目前，股权类众筹是法律风险最大的一类众筹，也是未来发展空间最大的一类众筹模式，其最可能触碰的刑事法律风险是非法证券类犯罪，归属公检法受理和管辖。同样，若达不到刑事立案标准，则属于非法证券类行政违法行为，归属证券监督管理机关管辖和受理。

在实际操作中，多数股权众筹平台采取会员制，以实现不特定对象向特定对象的转变。但什么标准可以实现特定化的目的，我国《证券法》没有规定。从各国经验来看，界定私募交易对象范围主要遵循三个标准：①投资经验。②与发行人的特殊关系。③财富标准。且不论上述三个标准的具体要求，目前也很少有股权众筹平台依据上述三个标准来设置会员资格门槛。部分股权众筹平台的投资人审核形同虚设，只要投资人填写姓名和身份证号即获得通过，姓名和身份证号的信息是否经过真实性审核都无从考证，很难说符合了以非公开方式宣传和向特定对象募集的要求。

通过 SPV 持股的问题。2014 年 8 月 21 日证监会发布并实施的《私募投资基金监督管理暂行办法》第 13 条第 2 款规定，“以合伙企业、契约等非法人形式，通过汇集多数投资者的资金直接或者间接投资于私募基金的，私募基金管理人或者私募基金销售机构应当穿透核查最终投资者是否为合格投资者，并合并计算投资者人数”。由此可见，通过 SPV 持股是需要穿透核查最终投资者并合并计算投资者人数的，因此，通过 SPV 持股的方式并非灵丹妙药。当然，监管部门如果对中小企业和创业企业进行股权众筹，实施小额豁免，那么对投资者的数量限制自然会被放宽甚至完全放开。值得注意的是，穿透计算限于“以合伙企业、契约等非法人形式”成立的持股平台，如果以公司法人形式作为持股平台会产生怎样的法律后果，目前尚需证监会进一步确定。

那么，如何避开非法证券类的刑事或行政法律风险呢？目前，监管层对互联网金融持积极开放的态度，证监会已经开始调研股权类众筹存在的相关问题。股权类众筹可以创新，但不要触碰法律红线。以下六条法律红线不能碰：

第一条法律红线：不向非特定对象发行股份。

第二条法律红线：不向超过 200 个特定对象发行股份。

第三条法律红线：不得采用广告、公开劝诱和变相公开方式发行股份。

第四条法律红线：对融资方身份及项目的真实性严格履行核查义务，不得发布风险较大的项目和虚假项目。

第五条法律红线：对投资方资格进行审核，告知投资风险。

第六条法律红线：不得为平台本身公开募股。

在具体操作层面上，作为股权众筹平台，应做好供需两端的严格审查和限定，对投资人资格进行严格审查，并告知投资风险，只有经过注册且通过严格审核的投资人才具备资格，才可能看到投资方的项目。同样道理，平台需要对项目发布方发布的股东信息、产品信息、公司信息进行严格审查，必要时实地查看，做好法律、财务、商务三个方面的尽职调查。在需求对接上，每次只允许不超过 200 名投资人看到推介的项目，具体的投资洽谈需要在线下以面对面的方式进行。为了避免人员过多的问题和代持造成的问题，对选定的投资人采用设立有限合伙企业合投方式。通过严格的设定，避免触碰上述的六条法律红线。

3. 回报类众筹的刑事或行政法律风险

相对而言，回报类众筹是法律风险最小的众筹模式。但是如果回报类众筹不能够规范运作，使融资方有机可乘发布虚假信息，也可能触碰集资诈骗的刑事法律风险，若未达到刑事立案标准，则可能构成非法金融类行政违法行为。

为了降低上述法律风险，进行回报类众筹时不要触碰以下三条法律红线：

第一条法律红线：严格审查项目发起人的信息、相关产品或创意成熟度，避免虚假信息发布。

第二条法律红线：对募集资金严格监管，保证回报产品按约履行。

第三条法律红线：众筹平台不要为项目发起人承担担保责任。

4. 捐赠类众筹刑事法律风险

捐赠类众筹的信息如果被虚假公益项目的发起人利用，则可能触碰集资诈骗类刑事法律红线。

为了降低上述法律风险，进行捐赠类众筹时不要触碰以下两条法律红线：

第一条法律红线：严格审查项目发布人资格、信息、公益项目的情况。

第二条法律红线：对募集资金严格监管，保证公益类项目专款专用，不得挪作他用。

四、中国式众筹发展困境

1. 缺乏有效的规则，为了众筹而众筹

项目发起人为了筹钱而筹钱，对后期众筹项目的运作缺乏明确的战略规划，没有一套有效的进入、退出和奖惩机制。为了众筹而众筹，为后期众筹项目失败埋下了伏笔。

2. 股东徒有虚名，享受不到股东权力

股权众筹项目的发起人，一般都会大力借助朋友圈和熟人关系，名为股权众筹，实为产品众筹或债权众筹。项目众筹成功后，既不注册有限合伙企业或有限公司，也不制定股东会、董事会和监事会议事规则，“股东”徒有虚名，这是众筹参与者从“亲人式合伙”变成“仇人式分手”的重要原因。

3. 财务不公开，制度不透明，股东没有参与感，强关系变成弱关系

发起人众筹成功后，不建立健全财务制度和议事制度，股东的投资款打入发起人的个人账户。在项目运作过程中，公私不分，发起人不公布财务报表，项目募集多少钱，实际花费多少，花在什么地方，投资人不追问，发起人也不主动公开。

4. 专款不专用，设立资金池，项目发起人拆东墙补西墙

发起人私自设立资金池，甚至对外提供担保，严重侵犯投资人的合法权益，左手倒右手，进行关联交易和利益输送。更有甚者，拿着众筹来的钱投资股票、纸黄金、艺术品、房地产等。

5. 没有合理争议解决机制

中国是熟人社会，发起人和投资人之间更多的是熟人关系（师生关系、同事关系、同学关系、老乡关系、战友关系或交叉关系），碍于情面或规则意识淡薄，只想着众筹后怎么赚钱，没想到众筹失败后怎么退出、怎么有效解决争议，发起人缺乏长远的战略规划，投资人没有成熟的投资逻辑。投资人错把股权当债权，项目失败时，投资人兴师问罪，导致双方不欢而散。

6. 以超募为荣，随意性强，没有财务预算和商业计划

现在众筹圈存在一个怪现象，由于事件营销策划得好，超募情况经

常发生，而且大家普遍认为钱越多越好。不能根据财务预算合理募资，导致钱多花不到正地。对于股权众筹来说，拿投资人的钱越多，就意味着给人家的回报越高。当项目发起人没有超强的运营能力时，钱多反而是件非常可怕的事情，不仅不能兑现回报，而且为项目下次融资设置了障碍。

众筹的本质是筹人、筹资、筹智、筹圈子，不同于一般的投资关系或债权关系，发起人应打起十二分的精神，筹前根据市场调研和自身优势发起一个有市场空间、自己能掌控的项目，并进行长远规划。

筹后对项目投入百分之二百的时间、精力和爱心，真正对投资人负责，充分调动投资人参与项目的积极性，盘活投资人的资源，转变投资人的角色，去中心化，去组织化，让大家一起参与，快乐分享。

让项目更好玩、更有趣、更有料，让投资人不仅是投资人，尽可能参与进来，根据自身优势和个人意愿进入董事会、监事会、执委会或智囊团；让投资人不仅是消费者、管理者、项目监督者、资源整合者，同时还是项目的宣传者、策划者、组织者和受益者，共同把众筹做起来，而不是发起人唱独角戏，或合伙人自编自导自演，把投资人冷落一边。

中国经济出版社·众筹三部曲

双创有道：以众筹推动“大众创业，万众创新”的新商业实践

高　鹏　著

定价：58.00 元

本书汇集了双创导师高鹏先生在中国、马来西亚、新加坡和意大利做高密度授课和私董会研修过程中，对近千名的企业家授课和辅导的成果，这些思想和实践高度融汇的灵感、心血和成果，涵盖了从社群、爆品、回归线下的O2O、精益创业、微商、微营销，到商业模式优化、路径、团队再造、对外融资等广泛的主题。

用众筹，连接世界：中国众筹产业地图解读

谢森树　总主编　高　鹏　主编　常　桦　副主编

本书汇集众筹行业最新的政策解读、商业思维、成功实践、风云人物和典型案例，辅以主编解读、产业标签、行业调研报告等内容，构成了从“观点”到“案例”，再到“工具”的三层知识体系，在目前已经出版的众筹图书中，是对众筹在中国的发展与成果梳理比较完整与突出的，可谓“一本书读懂中国众筹产业”。

手把手教你做众筹：众筹实战操作指南

常　桦　刘　辉　袁海涛　主编

定价：49.80 元

如何利用“互联网＋”和众筹的思维与方法，实现筹人、筹智、筹资金，实现众筹项目的落地，控制众筹平台风险等具体操作问题，成为众筹成功的关键所在。